比較文化論
民間説話の国際性

三宅忠明 著

大学教育出版

はしがき

　近年、「比較文化論」という講義名が、多くの大学のカリキュラム表の中に見られるようになった。同じ題名を含む書籍も相当数出版されている。そのような折、筆者も1993年4月、岡山県立大学開学と同時に上記題名の講義を担当し、延べにして数千人の学生に「比較文化論」を講じてきた。さいわい、大部分の学生が興味を持ってくれたようなので、このあたりでその内容を一本にまとめ、同時に今後の講義の参考にしつつ、学外の人にも機会があれば一読願えたら、というのが本書執筆の動機である。

　ただ、本書をひもとかれる前に、若干お断りしておきたいことがある。まず、大学の教科書という意識で執筆してはいるのだが、なるべく学術論文のような堅苦しい体裁は避け、気軽にどの項からでも読みだせるように配慮した。したがって、注や出典の記載は必要最小限にとどめ、索引もあえて割愛した。ただ、さらに深くという読者のために、参考文献だけはスペースの許すかぎり収録した。テーマの性質上、資料の占める割合が多いが、なるべく筆者自身の翻案ないし再話したものを使用し、やむをえず他から借用（送り仮名、句読法等を含む）したもののみその出典を記した。記載のないものは筆者によるものと理解されたい。

　最後に、出版の労をとられた株式会社大学教育出版の佐藤守出版部長、および資料入力、編集、校正等でご尽力をいただいた森定万里子、井垣由美子、平井典子、守分晴子の諸氏、ならびに資料の使用転載をお許しいただいた大修館書店、日本放送出版協会、ほるぷ出版、桜楓社（現おうふう）、家の光協会、アルコプランニング、

平凡社、筑摩書房、岩波書店、三省堂、角川書店、社会思想社、野島出版、弘文堂、同朋舎、および多数の著者・編者の方々に心より感謝申しあげたい。また、平成6年度より11年度までの6年間にわたり、「民間説話の国際比較」のテーマに対し、岡山県立大学より特別研究費が得られたことも、本書の出版はもとより、資料の収集、研究の進展に大きく寄与した。併せて、謝意を表する次第である。

2000年3月7日

三宅　忠明

比較文化論

民間説話の国際性

―――――――――――――――

もくじ

序　章 ·· 1
　　　　　〈資料1〉ロンドン橋（イギリス、要約）

第1章　文化とは何か ·· 5
　　　　　文化の定義／言語と文化／言語の起源／言語
　　　　　の機能／なぜ民間説話なのか

第2章　民間説話とは ·· 11
　　1　人類最古の文化 ― 伝承文芸 ······················ 11
　　　　　民間説話／神話／伝説／語り部の誕生／語り手
　　　　　と聞き手
　　2　国際性 ― 伝播の可能性 ··························· 19
　　3　民間説話の特徴 ·· 21
　　　　　発端句と登場者／難題／民間説話の残酷性／
　　　　　三度の繰り返し／結末句
　　　　　〈資料2〉三匹のコブタ（イギリス、抜粋）

第3章　動物説話 ··· 29
　　1　尻尾の釣り ··· 29
　　　　　国際比較と考察
　　　　　〈資料3〉クマとキツネ（フィンランド）
　　　　　〈資料4〉尻尾の釣り（日本）
　　2　ウサギとカメ ··· 33
　　　　　国際比較と考察
　　　　　〈資料5〉うさぎとかめ（石原和三郎　作詞）
　　　　　〈資料6〉カメとスイギュウ（フィリピン）
　　　　　〈資料7〉シカとカメ（キューバ）
　　　　　〈資料8〉ワシとミソサザイ（スコットランド、要旨）

3 心臓を家に置き忘れたサル ················ 40
   比較と考察
   〈資料9〉サルのキモ (インド)
   〈資料10〉猿の生き肝 (日本)

 4 ブレーメンの音楽隊 ···················· 46
   比較と考察
   〈資料11〉ブレーメンの音楽隊 (ドイツ、グリム、要約)
   〈資料12〉白い羊の話 (スコットランド)
   〈資料13〉馬と犬と猫と鶏 (日本)

第4章　魔法説話 ························ 55

 1 「シンデレラ」および「灯心草頭巾」 ········ 55
   話型構成／本物発見の決め手—シンデレラ
   の靴は本当にガラスか／「シンデレラ」物
   語の起源／「シンデレラ」の意味／民間説話
   とシェイクスピア／国際比較
   〈資料14〉葉限 (中国唐代、西暦9世紀)
   〈資料15〉金の鞋 (中国ウィグル地区)
   〈資料16〉コンジ・パッジ (朝鮮)
   〈資料17〉エシー・パトル (スコットランド、要約)
   〈資料18〉灰かぶりネコ (バジーレ、イタリア)
   〈資料19〉サンドリオン、または小さなガラス
         の靴の物語 (ペロー、フランス、要約)
   〈資料20〉灰かぶり (グリム、ドイツ、要約)
   〈資料21〉強い風 (カナダ先住民)
   〈資料22〉糠福と米福 (日本、その1)
   〈資料23〉皿々山 (日本、その2)

 2 呪的逃走・主人公の逃走を助ける少女 ······ 94
   起源と伝播／東西の比較／日本類話の特徴／
   ヨーロッパ類話の特徴
   〈資料24〉アルゴ船の章 (ギリシア神話)
   〈資料25〉名なしのニックス (イギリス)

〈資料26〉鳥の戦争（スコットランド）
　　　〈資料27〉親指小僧（ベネズエラ）
　　　〈資料28-1〉黄泉の国
　　　〈資料28-2〉黄泉の国（現代口語）
　　　〈資料29〉三枚の札（日本）
　3　「浦島」伝説の国際性……………………… 127
　　　資料について／話型の分析／国際比較
　　　〈資料30〉浦島太郎（1901年、文部省唱歌）
　　　〈資料31〉浦島太郎
　　　〈資料32〉ティル・ナ・ノーグ（アイルランド）
　4　羽衣伝説の国際性………………………… 141
　　　異類婚／国際比較
　　　〈資料33〉天人女房
　　　〈資料34〉アザラシ女房（スコットランド）
　5　援助者の名前……………………………… 149
　　　名前当て／比較考察 — 仕事
　　　〈資料35〉ルンペルシュティルツヒェン（グリム、要約）
　　　〈資料36〉トム・ティット・トット（イギリス）
　　　〈資料37〉大工と鬼六（日本）
　6　「桃太郎」の国際性 — 世界の鬼退治譚……… 167
　　　ベーオウルフについて／桃太郎の考察／侵略
　　　の象徴?
　　　〈資料38〉桃の子太郎
　　　〈資料39〉桃太郎（要旨）
　　　〈資料40〉桃太郎（1911年、文部省唱歌）
　　　〈資料41〉ペルセウス（ギリシア神話）
　　　〈資料42〉ベーオウルフ（イギリス、西暦11世紀頃）

第5章　笑話・その他………………………………… 199
　1　愚か村ばなし……………………………… 199
　　　考察
　　　〈資料43〉ゴタム村の賢者たち
　　　〈資料44〉佐治村のだらず話

2 その他の笑話 208
    〈資料45〉鏡 (中国)
    〈資料46〉飴は毒 (日本)
    〈資料47〉烏の目印

  3 形式譚 211
    果てなし話二題／解説
    〈資料48〉イヌとパイプ
    〈資料49〉長崎のネズミと薩摩のネズミ (日本)
    〈資料50〉暗い嵐の夜 (アメリカ)

結　章 215
    教養とは何か ─ ジョハリの窓から／「よき人生」と民間説話／「いじめ」対策と民間説話／民間説話の国際比較より

参考文献 223

比較文化論

民間説話の国際性

序　章

　まず次の民間説話（昔話）の梗概を見ていただきたい。

〈資料1〉ロンドン橋（イギリス、要約）
　　　（AT 1645）

　むかし、ノーフォーク州スウォッハムの村にひとりの行商人が住んでいた。ある晩、この行商人が夢を見た。夢の中で次のようなことばが聞こえてきた。「ロンドン橋に行ってみろ。ロンドン橋に行ってみろ。」行商人はさして気にもとめなかったが、あくる晩も同じ夢を見た。やはり、「ロンドン橋に行ってみろ。ロンドン橋に行ってみろ」という声が聞こえる。少し気になり始めたが、まだわざわざロンドンまで出かける気にはならなかった。ところが、あくる晩も同じ夢を見た。またしても、「ロンドン橋に行ってみろ。ロンドン橋に行ってみろ」と、言っている。さすがに、三晩も続けて同じ夢を見、同じ指示をされると、神のお告げかと思えてくる。行商人は、旅支度をしてロンドンに出かけることにした。長い道のりを三日かけてロンドン橋まで来てみると、橋の両側にずらっと屋台店が並び、大勢の男女が賑やかに行き来している。行商人も人込みに混じって一日中行ったり来たりしてみたが、とりたてて変ったことは起こらなかった。二日目も同じように過ぎた。三日目になって、今日何も起こらなかったら明日はスウォッハムに帰ろうと思いながら、やはり行ったり来たりしていた。すると、夕方になってある屋台店の主人が近づいてきた。
　「一昨日から見ていると、おまえさん、用事もなさそうなのに、ただ橋の上を行ったり来たりしているが、いったいどうしたのかね。」
　そこで行商人は、夢の話をした。これを聞いた店の主人は、腹を抱えて笑いだした。
　「そんな夢を信じるなんて、あんたもどうかしているな。わしも三日

前に同じような夢を見たよ。ノーフォーク州にスウォッハムという村があって、そこにひとりの行商人が住んでいる。その家の裏庭にオークの木があるから、その下を掘ってみろというんだな。だがわしはそんなはなしを真に受けて、わざわざノーフォーク州くんだりまで出かけて行くような馬鹿じゃあないよ。ワッハッハ。」

　これを聞いた行商人は、さっそくスウォッハムの村に帰り、自宅の裏庭から金貨銀貨のいっぱい詰まった大きな壺を掘りだした。

この話に出てくるいくつかの語句を次のように置き換えてもう一度読み比べてみよう。

　　ノーフォーク州のスウォッハム村　⇨　信州信濃の沢山村
　　行商人　⇨　炭焼きの長吉
　　ロンドン橋　⇨　飛騨高山の味噌買橋
　　屋台店の主人　⇨　豆腐屋のおやじ
　　オークの木　⇨　杉の木
　　金貨銀貨　⇨　大判小判

上がイギリスの有名な民間説話「ロンドン橋」であり、置き換えた方が日本の「味噌買橋」である。このような類似性は、いったいどこからくるのか。偶然の一致なのか、それともだれかが運んで来たのか。しかも、この一致は日英だけにとどまらない。アイルランドの309話をはじめとして、北はアイスランド、スウェーデンから南はギリシア、トルコまで、ヨーロッパのほぼ全域から類話が報告されているのである。しかも、いま示したように、アジアの、少なくともこの日本において、ほとんど同じ話が聞かれているのは一種の驚きではないか。こういった、複数の民族・国家・地域にまたがって聞かれる民間説話は、「国際話型」（international popular tale）と呼ばれ、その数は数千にのぼるのである。これらの国際話型をはじ

めて分類し、番号を与えたのが フィンランドの民話学者アンティ・アールネとアメリカ合衆国のスティス・トムソンの『民話の型』（Antti Aarne & Stith Thompson. ed. *The Types of the Folktale*. 2nd. ed. Helsinki: FFC, 1961. 本書において扱う国際話型にはすべてこの AT 番号を付す）であった。ふたりは、民間説話を大きく、Ⅰ動物説話、Ⅱ魔法説話、Ⅲ笑話、に三分類し、それぞれに約三百から九百の番号を与えた。さらに、この三分類に入らないものを、Ⅳ公式譚および、Ⅴ分類不能な話型として、約五百の番号を与えている。以上を合計すると、二千数百に及ぶのである。

　そこで、この類似性の中心は何かということと、それは、いつ（時代）、だれの手により（民族）、どのようにして（原因・理由および方法）もたらされたか、が調査の対象となる。同時に、相違点は何かに着目すると、各地域や民族性が浮き彫りにされる。さらに、と言うよりこちらの方が意義深いかも知れないが、民間説話ほど的確かつ端的に「人間とは何か」をわれわれに語りかけてくれるものはない。喜びや悲しみ、愛や憎しみ、希望や不安、尊敬や嫉みみ、さらには野心、欲望、感動などといった正負にまたがる人間の特性を、さりげなく、それでいて明確に、伝えてくれるのである。

　先の話の面白さは、ただ単に類似しているという点にとどまらない。先に置き換えたそれぞれの語句は、さながら双方の文化的背景の違いを示すキーワードともなる。また、最大の共通点は、常にこの話型の舞台となる「橋」である。いつの時代にも富を生みだすものとして、「橋」というものを考える機会にもなる。現代でも、平常時にはその経済効果が云々され、いざ戦時ともなれば、一本の橋の攻防は、一国の命運まで左右する。民間説話の国際話型における相違性と類似性は、いわば二本の大きな柱である。そして、前者は国際理解に通じ、後者は人間理解に通じるのである。

「昔むかし、あるところに……」
（画家不詳）

第1章　文化とは何か

文化の定義

　まず「文化」の定義から始めたい。日本語の「文化」と「文明」は、ややもすると曖昧に用いられているきらいがある。英語ではそれぞれ 'culture' および 'civilization' であるからその違いはかなり明白である。つまり、「文化」（culture）とは、「野生」（wild）に対して、ひとの知恵や手が加わったの意であるから、広義では「教養」と同義にもなる。「カルチャーセンター」などということばは、本来の「広範囲に広まったある特定の文化が発祥した中心地」という辞書的定義から少しかけ離れた意味で用いられているようであるが、「教養を身につけたい」と言う人にとっては、案外、的を射た呼び名かも知れない。正確に用いられているかどうかは別にして、「文化人」しかり、である。これに対して「文明」（civilization）とは、他の地域に比して高度に発達した道具、機械、制度などを享受する大きな共同体の意であるから、その根底に「文化」があることは言うまでもない。それにしても、「文化包丁」「文化住宅」「物質文化」ないし「精神文明」「物質文明」などの用語はやはり意味が曖昧である。
　次に、「文化」と人類の関係を考えてみたい。「文化」とは、経験による学習と思考に裏づけられたものであると言えば、他の動物にも「文化」は存在しうる、と考えられなくもない。カラスが仲間に食料や危険の存在を知らせたり、ライオンが役割を決めてシマウマ狩りをしたり、サルが芋を洗って食べるのは、はたして「文化」の兆候と言えるのか。議論の余地はあろうが、本書での基本的な考

え方として、「文化」は人類独自のものとの前提に立つ。この点は次項でもう一度触れることにする。

言語と文化

　まずお断りしなければならないのは、先刻も述べたように、本書では「文化」を人間独自の特性と位置づけたことである。なぜなら、「文化」の発生と発達は「言語」のそれと密接に関わるからである。「言語」なくしては、「文化」もありえない、というのが大前提なのである。人間は、他の動物からはなれてただひとり、言語を持ち、思考し、知識・情報を仲間や子孫に伝え、文化・文明を育んできた。他の動物や鳥類は言語を持つか、という問いにも賛否両方の答えがあろうが、かりに持ったとしても、それは極めて未熟なもので、人間の言語とは比較にならない。大部分は、泣き声、叫び声、歓声、強いて言語と言うなら、ごく少数の感嘆詞のみである。したがって、知識や情報の伝達手段とはなりえない。

　このように考えると、人類の言語はいつごろ、どのあたりで発生したのか、という問いに対する答えもおのずと見えてくる。言語学者の中には、ネアンデルタール人やクロマニヨン人のような旧人は言うに及ばず、北京原人もジャワ原人も確立した文法を持つ言語を持っていた、と言う者もあるが、はたしてそうだろうか。かれらの口蓋や顎の化石をDNA鑑定し、そこから時代はもとより言語の発達度まで割り出すという。詳しいことは分からないが、どうしても割り切れぬ疑問が残る。それは、知識・情報を伝達する手段を得た人類が、旧石器時代と呼ばれる数十万年間を、ほとんど文明はおろか文化らしきものも持たずに過ごしえたか、ということである。これは文化・文明の萌芽期であった、という説明もあるが、それにしても長すぎる。だれかがいったんなんらかの知識を得、それを仲間

や子孫に伝達することが可能となったら、その知識は加速度的に増加し、関連する周辺にもどんどん広がっていくはずだから、生活の変化はおろか進歩も発展もほとんどない時代があんなに長く続くとはどうしても考えられない。この事実から導き出される結論は、この時代には人類はまだ情報伝達の手段となるほどの言語は持っていなかった、とならざるをえない。あったとしても、きわめて未熟な、掛け声、叫び声、合図の声、の類いでしかなかったはずである。

言語の起源

では、人類の言語は、いつごろ発生したのか。それは、文化の萌芽と時期を同じくする、というのが筆者の考えである。具体的に言うと、世界の早いところで、せいぜい約一万年前、最古の文化の発祥地は、アッシリアかメソポタミア、つまりチグリス・ユーフラテス両河の流域、現在のイラクあたりであろう。続いて、ナイル川流域のエジプト、さらにインダスおよびガンジス川流域のインド、そして中国の黄河流域に及んでいく。後に、世界の四大文明の発祥地と呼ばれる地域である。一口に四大文明の発祥地、というが、それぞれのあいだには約一千年から二千年の開きがある。ということは、この時代にはまだ人間の移動、交流がほとんど行われていなかった証しであろう。しかし、それぞれの文明が確立するころ、つまり今から五、六千年前から、先に述べた移動、交流が頻繁になり、それは現代人の想像をはるかに超えた規模で活発化する。詳しくは、民間説話の伝播の項で述べることにする。

言語の機能

次に、言語の機能について一言しておきたい。言うまでもなく、

言語には、話す、書くという能動的な機能と、聞く、読むという受動的な機能がある。歴史的には、話すと聞くが古く、書くと読むはずっと新しい。とは言っても、話すも聞くも前述のように、人類の歴史全体からみればそれほど古いことではなく、書く読むにいたっては、つい最近始まったばかりであると言っても過言ではない。それどころか、現在でも世界には識字率50パーセント以下の国がまだいくつもあり、人口大国の中でも、中国78パーセント、インドネシア77パーセント、インド52パーセントである。ちなみにアメリカ合衆国は97パーセント、ロシアはわが国と同じ99パーセントであるが、それでも世界の総人口60億余のうち、少なくとも10億の成人が読み書きとは無縁なのである（*National Geographic Atlas of the World.* 6th ed. の巻末統計より）。

　人類が言語を話し始めた時期についてはすでに述べたが、考え方によっては、この行為自体が自然の摂理に反するものであった。別に言語学者でなくても、大学の語学の授業あたりでも、口唇、口蓋、舌、歯、気管、鼻孔などは、発声器官と呼ばれている。しかし、これらの器官はなにも人間に限ったものではない。すべてのほ乳類をはじめ、鳥類、魚類、爬虫類、さらには昆虫類だってそのほとんどが持っているのである。つまり、これらは発声器官である前に、**飲食し呼吸する**という、生命活動の基本をつかさどる器官なのである。いわばその自然の摂理に反し、他の動物からはなれて人類のみがただひとり、これらの器官をことばを発するために使い始めた。その結果、先に述べた情報・知識の伝達に加えて、人類は思考することを身につけた。思考はさらにさまざまな人類の特性を生みだした。愛憎、喜怒、嫉妬、いじめなどを人類だけのものだと言ったら、多くの反論を受けそうである。曰く、「うちのポチはとても家族になついていて、けっして吠えたり噛みついたりはしません」「ヒナを守るためには、親鳥は身を賭してヘビに向かっていくではありませ

んか」と。しかし、このような一見愛情らしく見える動物の行為は、すべて種保存の本能に根ざしたものであり、人間の愛情とはまったく異質なものである。シマウマの群れを目の前にしても、満腹のライオンは見向きもしないだろうし、みにくいアヒルの子がいたぶられるのも、人間のいじめとは本質的に異なるのである。これら正負にまたがる人間の無数の特性は、すべて思考から生じたものであり、その思考の根底にあるのが言語である。はじめに述べた、読み、書き、聞き、話す、のいわゆる四機能に加えて、思考の手段という言語の大きな役割を忘れてはならない。言語あっての思考なのだから。

なぜ民間説話なのか

　大学などで「比較文化論」を講じようとするとき、何を対象・テーマとするかは、大部分担当者の選択にまかされよう。なぜなら、一口に文化と言っても、その領域は無限と言ってよいほど広大な範囲に及ぶのだから。言い換えれば、これでなければならぬ、というものはありえないのである。と同時に、それは絶対にだめ、というものもない。要は、手法の問題であり、題材が問題なのではない。それに、学生という聞き手がいて、講義内容が適切であるか否かについては、ある程度の判断はしてくれる。したがって、あまり無責任なことも講じられない。とは言っても、一般的にまず思い浮かぶ題材は、産業、即ち、衣食住に関するもの、次いで宗教、哲学、芸術、法律、学問、思想、さらにはスポーツ、ゲーム、娯楽、などではなかろうか。このような状況の中で、なぜ民間説話なのか、について、やはりここで説明しておく必要があろう。

　比較研究を行う手順として、① 対象の決定、② 比較・分析、③ 結果（相違点と類似点）、④ 解釈・考察、⑤ 成果（比較結果の意義・利用法）となろうが、まず ① の段階で、明確な理由付けがな

されなければならない。アトランダムに何を選んでもよい、というわけには行かないのである。②を経て、③で結果を出しただけではまだ研究とは言えない。④の解釈・考察においては、その相違点・類似点が起こった要因・時代・行為者などに及ばなければなるまい。さらに、⑤において、その解釈・考察にどれほどの意味があり、人類の幸福にとっていかに意義があるかを明示してはじめて学問・研究が成立する。以上の条件を満たし、しかも多くの人が相当の興味を持ちうるものとして選ばれたテーマが民間説話だったのである。

第2章 民間説話とは

1 人類最古の文化 — 伝承文芸

　言語を手に入れた人類は、それにより文化を持ち、さらに高度な文明とともに、物質的にも精神的にも他の動物には絶対に考えられない生活様式を享受するにいたった。人類は数十億人を養う食糧を確保し、暑さ寒さも時間も空間も（ある程度）克服し、月に降り立ち、やがては火星にも木星にも到達しようかというところまできている。百年後、千年後となると、現代のわれわれには見当もつかない。こういった事実の根底にあるのは、ほかならぬ言語である。この言語の萌芽期から比較的短期間にその発展を著しく促進させたものがある。それが本書の主題である伝承文芸である。

　伝承文芸は言語とともに発生し発達してきたと言っても過言ではない。言語の初期において、その最大の役割は物語を伝えることであった。これ以外の役割としては、喜怒哀楽、警告、注意、威嚇、それに水や食物のありかの初歩的な伝達、くらいしかなかったのだから。古代における伝承文芸は、今日のコンピュータをはじめ、ラジオ、テレビ、映画、演劇、新聞、雑誌、その他あらゆる種類の書籍を総合したものに匹敵した。これらの、現代言語に与える作用、影響を考えれば、古代の伝承文芸が果たした役割は容易に類推できよう。

　伝承文芸とひとことで言っても、その包含する範囲はかなり広い。わらべ唄、民謡、バラッド、なぞなぞ、世間話、寓話、小咄なども当然この範疇に入るのだが、ここでは特にストーリー性と語りその

ものに重点のおかれた民間説話（昔話）、神話、伝説に限ってはなしを進め、次章からはさらにこの中で民間説話に焦点を当てつつ、その驚くべき国際性に着目し、東西比較を試みるものである。その前に、この三つのジャンル、民間説話、神話、および伝説について簡単な定義をしておく。

民間説話

　民間説話とは、柳田國男のいわゆる「昔話」、グリムの言う「メルヘン」のことである。英語の、'Folk Tale'、'Fairy Tale'、'Popular Tale' などが、あまり厳密に区別されないまま用いられているきらいがあるが、日本語でも、「民話」「童話」「昔話」が、同様の用いられ方をしている。このあたりを簡単にまとめると次のようになる。'Folk Tale' に対応する日本語は一応「民話」であり、これには民間説話のほかに神話・伝説も含まれる。'Fairy Tale' は「童話」であって、文字どおり児童を対象としているが、英語圏の出版関係者は、書名に好んでこの語を使用するようである。それに習ってかどうか、日本でもよく「グリム童話」なる書名を目にする。しかし、内容的にはグリムはけっして「童話」ではなく、「アンデルセン童話」とは厳密に区別されねばならない。「昔話」に対応するのが 'Popular Tale' である。しかも、この 'popular' は 'concerned or belonging to people'（人間に関わる、あるいは人間に所属する、OED）の意であるから、もっとも真意を伝えるものである。しかし、「昔話」には、「久しぶりに会った友人と昔話に花を咲かせた」に見られるような、懐古話という意味が一般的なので、学術用語としてはやや疑問が残る。本書で「民間説話」とした所以である。内容は、超自然を含む登場者が本来の能力、特質を超えた行動をし、実際には起こりえない、ありえない、と分かっていても、聞き手は真剣に興味をもって

耳を傾け、同じものを何回でも聞きたがる、といった類いの物語である。

神話

民間説話とよく似たジャンルに神話と伝説がある。では、神話・伝説は民間説話とどこが違うのか。図のように、確かに重なり合う部分もあるが、この三者の間にはかなり明確な境界線が引かれる。「神話」の本来の意味は、「空想物語」である。英語の 'myth'、'mythology' は、ラテン語の 'mȳthus' ないし、ギリシア語の 'mûthos'（ことば）であり、「ことば」とは、即ち、「空想物語」であった。

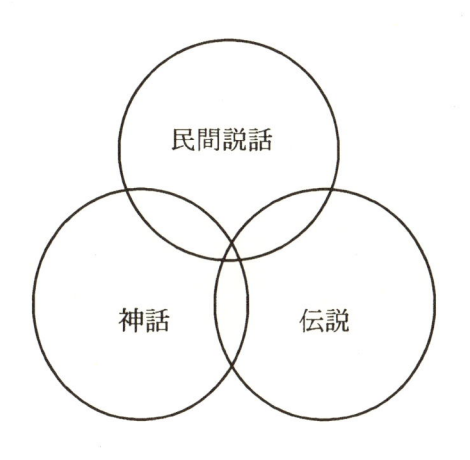

図1　伝承文芸の領域

確かにギリシア神話にはゼウス、ヘラなど多くの神々も登場するが、同時にダナエ、アンドロメダなどの人間も、ヘラクレス、ペルセウスなどの半神半人も多数登場する。日本語の「神話」という用語に異論はないが、もともと 'myth' にも 'mythology' にも、「神」とい

う意味はない。登場者を考えてみても、さまざまな神の概念・能力・特性をはじめとして、空を飛ぶ馬（ペガサス）、頭髪が蛇で見る者を石に変える魔女（ゴルゴン・メドゥーサ）、並外れた怪力の持ち主（ヘラクレス、狩人オリオン）など、現代人の及びもつかない空想から生まれたキャラクターがいたり、魔女メドゥーサの首を切り取ったペルセウスがペガサスに乗り、海神ポセイドンの放った怪物の生贄にされるべく岩に繋がれたアンドロメダを、空から救出するなどといった、途方もない空想的行動・活躍をする。

　このように、すべての登場者に固有名がついているのが神話が民間説話と異なる点のひとつである。しかも、その名前にはそれぞれ意味がある。「アトラス」が大地を意味し、「エロス」が愛を意味することは周知のとおりであるが、変わったところでは、ゼウスの尿（ギリシア語の orion は、英語の urine）から生まれたという「オリオン」とか、ゼウスとテミスの娘で時（hour）ならぬ「四季」を意味する四姉妹「ホライ」（Hours）などがある。そして、このような固有名詞はギリシア・ローマ神話だけで一千数百にのぼり、ほぼ同規模の神話群が、北欧、ケルト、ゲルマン、中国の各民族に存在する。わが国の神話は、『古事記』と『日本書紀』だけでは、量的に上の諸民族には及ばないが、各地に伝わる風土記を総合すれば、世界有数の神話国の仲間入りができよう。にもかかわらず、今日神話といえばギリシア、との印象を受けるのは、一にも二にも、19世紀アメリカの銀行家トーマス・ブルフィンチ（1796—1867）の業績と紹介による。彼は古代ギリシア語を学習するうち、教材の空想物語があまりにも面白く、一握りの学習者が独占するのはフェアでないとの考えから、平易な英語での紹介を思い立った。勤めていた銀行を退職してからものした『空想の時代』（*The Age of Fable*, 1855）が契機である。他の神話群に別のブルフィンチが出現すれば、世界神話の分布図もかなり塗り替えられるかも知れない。

伝説

　伝説の最大の特徴は、登場者はおおむね歴史上の人物であり、その行動・活躍の舞台も、実在する地名と結びつくことである。ときには、存命中の人物が主役になったりもする。たとえば、さるプロ野球の強打者が、広い甲子園球場でファール・チップしたらボールの焦げるにおいがバックネット裏まで届いたとか、ある大英語学者が学生時代に下宿で辞書を何冊食べた、などというのも一種の伝説である。つまり、話の内容が、理論上現実には起こりえない、という点で、民間説話や神話と共通する。いかに有能であったか、またいかに努力・精進したかを事実として語るだけだったら、「話題」（トピックないしエピソード）であって、伝説ではない。区別を要するところである。わが国で伝説によく登場するのは、弘法大師空海や菅原道真であり、国外ではイエス・キリストは別格として、アレキサンダー大王、アーサー王（モデルになった人物はいたが、実在したかどうかは不明）、獅子心王リチャードなどである。弘法大師が持ってきた杖を地にさしたら根づいてイチョウの大木になったとか、道真が「東風ふかば、匂いおこせよ、梅の花」の詩を詠んだら、京都にあったウメの木が九州太宰府まで飛んできた、などということは現実には起こりえない。弓の名人那須与一が波の上で揺れる船首に掲げられた扇の的を射落とした、というのは「伝説」なのか「話題」なのか、微妙なところである。

　伝説の持つ最大の役割は、歴史上の（同時代も含めて）偉業をなした人にまつわる誇張・美化されたエピソードにより、現代に生きるわれわれに人の道、生きる勇気、努力目標や発奮材料を与えることである。と言えば、民間説話や神話の効用とも大きく重なり合うのだが。

語り部の誕生

ではこのあたりで、初期の権力者たちがいわゆる「語り部」(storyteller) に置いた価値の大きさに目を向けてみよう。古代ケルトの大王コノール・マクネッサは、筆頭語り部のフェリム・マクドールに強力な権限と配下のレッド・ブランチ騎士団の全員が祝宴を張れる広大な屋敷を与えていた。古代ギリシアの粘土板に彫り込まれていたものは大部分、ホメロスをはじめとする当時の語り部たちが語った空想物語であった。ついでながら、この時代のギリシアには、ホメロス級の、数万行の叙事詩をそらんじた語り部はいくらでもいたと言われる（高津春繁『ホメーロスの英雄叙事詩』5-7）。また、わが国最古の書物とされる『古事記』（708）に記載された物語のほとんどは、稗田阿礼というひとりの語り部が語ったものである。印刷術の発明とそれに伴う書物の普及は、現代人の記憶力を著しく減退させた。余談になるが、もしもこの世から字引き類がいっさい消えてしまったら、外国語学習者の学力はかえって向上するかも知れない。

戦争や政治で名を残した者に比べて、語りで歴史に名を残した者の数は非常に限られる。その行為の性質から考えて、この点はやむをえまい。しかし、歴史全体から見れば、戦争とはやはり例外的な異常行為である。時間にして大部分は、人類は平穏な生活を送ってきた。その中で、伝承文芸こそ唯一最大の娯楽であり、生活の潤いと知恵を得る手段であった。そしてこの結果、世界各地に各種、無数の語り部が活躍するにいたる。先に述べたような、プロともいえる王族専属の語り部から、村や旅の語り手や吟遊詩人、さらには家庭の長老や両親といった具合である。そしてこの伝統は、中世の後期、およそ13、14世紀まで続くのである。この伝統が崩れるのは、皮肉なことに、「ヘレニズム（つまり、ギリシア神話の精神）に帰

ろう」という精神で始まったあのルネサンス（文芸復興）運動がきっかけとなる。就中、先ほど述べたグーテンベルクの活版印刷機の発明である。必然的に生じたのがいわゆる「文学」であった。伝承文芸は急速に文明の片隅に追いやられる。

　しかし、強じんな生命力を持つ民間説話はけっして消滅はしていなかった。それを実地に証明したのが19世紀初頭のグリム兄弟である。兄弟による民間説話の採集活動については、もはや説明を要さない。ここでは、かれらの『昔話集』（正式には、『家庭と子どものメルヘン』、*Kinder-und-Hausmärchen,* 1812-14）が、『聖書』と並んで多くの人々に読まれてきたことと、それに刺激されて、世界中にキラ星のごとく採集者が現れ、欧米の各国に伝承文芸専門の研究機関が生まれ、その研究活動は今日ますます隆盛をきわめていることだけを指摘しておきたい。

語り手と聞き手

　いつの時代でも、語り手と聞き手は、密接な共同作業者同志の関係にある。いやむしろ、よい話を聞きだすためには聞き手の方が重要な役割を担っているかも知れない。卑近な例だが、最近、講義中に堂々と机にうつ伏せになって寝る学生がいる。無論、講義をする側に責任がないとは言わないが、一昔前には、考えられなかったことである。時代も学生気質もすっかり変わってしまったのだろうか。同僚にこの話をすると、「いいじゃありませんか。私語と違って他に迷惑を掛けるわけじゃなし」という返事が返ってきた。待てよ、と思う。私語、のように見えても、ことによったら講義内容の確認か、それに関して意見を交換しているのかも知れない。だとしたら、これは積極的に講義に参加していることになる。それに引き換え、うつ伏せになって寝るという行為には、どう考えても弁解の余地は

ない。100人の受講生の中にひとりでもこんな不届き者がいたら、講義する側としては、著しく興を削がれるばかりか、内容も薄くなったうえ、講義そのものを早めに切りあげるかも知れない。これを意に介さないで普段と変わらぬ講義が出来る人がいたら、「これも月給のうち」とすっかり割り切れる人か、並外れた強じんな精神の持ち主に違いない。たいていの場合、残りの99人は、もしかしたら聞けたかも知れない、貴重な知識を得る機会を永遠に失うのである。もし、そのために、講義者が10分早く切り上げたとしたら、99人分の合計990分、つまり16時間半分の講義内容が永遠に失われるのである。他に迷惑を掛けぬどころのさわぎではない。
　大学の講義に限らず、公民館の講演でも、会議でも、座談でも、あるいは一対一の対話でも、よい話、よい意見、よい考えを引き出すのはひとえに、聞き手の態度次第である。聞き上手とは、心持ち身を乗り出し、目を輝かせ、（大げさでない）適当な相づちを打つことである（扇谷正造『聞き上手・話し上手』参照）。聴衆がこのような態度を取ると、話し手にも熱が入り、ことによったら十の内容が十二にも十五にもなるかも知れない。逆に、聴衆がうわのそらだったり、私語やあくびをしたり、まして机に伏せて寝ているような者がいては、十は、七や三になりさがるのである。
　この意味で、もっとも理想的な話し手と聞き手の関係は、古来民間説話の語りの場面に見られてきた。先の、聞き上手の条件に加えて、ここでは話が盛り上がったり、擬声音や歌唱、繰り返しが登場する場面で、聞き手は語り手に声を和す。そう言えば、日常のやりとりの中で、相手の使ったことばを反復することがどれほど効果的であるかは、経験した人も多かろう。民間説話の語りでは、こういった機会が無数にある。たとえば、「桃太郎」の冒頭で、桃が川を流れてくる時の「ドンブラコッコ、ドンブラコッコ」（筆者はよく「ドンブラコッコスッコンコ、ドンブラコッコスッコンコ」という

のを聞いている）とか、「舌切り雀」を訪ねて行くときの「舌切り雀、お宿はどこじゃ。舌切り雀、お宿はどこじゃ」などである。民間説話の特性のひとつに、何百年も何千年も生き続ける並外れた生命力があげられよう。その生命力の秘密は、実にこの語り手と聞き手の共同作業にあったのである。

2　国際性 ― 伝播の可能性

　民間説話の国際性には大抵の人が驚きの目を見張るが、その原因を説明しようとすれば、なかなか決め手が見つからないのが実情である。そういった中で、もっともらしいふたつの説を紹介する。ひとつは太古の昔から、特定の所で作られ（発生し）た民間説話は、言語・民族・交通の壁を越えて、地球上の相当遠い場所まで伝播してきた、というものであり、いまひとつは、これらの壁を考えたとき、それは不可能であり、人類の深層心理は全民族に共通するものであるから、民間説話の多くはそこから生じたとする説である。前者は主として「歴史・地理学的方法」を編み出し実践したフィンランド学派と呼ばれる民俗学者のグループによって唱えられ、後者はフロイトの流れを汲むいわゆるユング派の心理学者たちによって唱えられた。
　もちろんすべての国際話型が、上のいずれかによっているとは到底考えられない。ときには伝播しただろうし、またときには偶然同じものが発生したこともあるだろう。しかし、筆者なりの態度は表明しておくべきであろう。結論から先に言うと、民間説話の伝播の可能性は一般に想像されるよりもはるかに高い。先に述べたふたつの壁、つまり言語の違いと交通手段は、それほど大きな障害ではなかった、と言える。まず、言語が異なるということが、情報の伝達

にとってそれほどの障害にならないことは、海外によく出かけ、身をもって体験した人も多かろう。たとえば、ポリネシアのどこかの島でも、アマゾン奥地の集落でも、スカンジナビアの奥のラプランドでも、そこの言語を知らない所にふいに投げ込まれたと想像していただきたい。その土地の住民とふつうに交われば、「はい」「いいえ」「こんにちは」「これいくら」「ありがとう」など、対話のための基本的語彙の10や20は、だれでも一日で覚えられる。一週間後には、簡単なやりとりが出来るようになり、そして、3か月もすれば、相当複雑な情報交換も可能となる。ただし、この体験をするには、ひとりで行かねばならない。かたわらにひとりでも日本語を話す人がいれば、まして団体ツアーなどでは、この効果は半減、否、数百分の一どころか限りなくゼロに近づくのである。よく、海外で何年も生活したのに、英語はさっぱり上達しなかった、などという嘆きを耳にするが、今日のように多くの日本人が外国に出かけるようになり、そちらでも自国人とのみ交わっていれば、これは当然なことである。空海とかマルコ・ポーロの外国体験とは、本質的に異なるのである。辞書も文法書もない時代に、よくあれだけのコミュニケーションが出来たものだ、と思うのは間違いで、それらがないからこそ出来たのである。語学習得の上からも、この点はよく留意しておかなければならない。

　次に、交通手段であるが、もちろん現代とは比べものにならない。しかし、縄文初期にはベーリング海峡はまだ地続きであり、モンゴロイドは陸路を中央アメリカまで達し、ミクロネシア・ポリネシア人は同じころ丸木舟で南米大陸に渡っているのである。少し時代が下ると、北欧のバイキングは北大西洋の荒波を越えて北米大陸にたどり着いた。コロンブスのように、歴史に名前を残さなかっただけである。大海原や連なる高山を見て、これを越えてみようと思う者、未知の土地、冒険にあこがれる者はいつの時代にもいたのだ。

そこで、彼らは未知の人、皮膚や髪の色が違い、違うことばを話す人々に出会ったとき、どのような行動をとったのか。これは、われわれが山で野犬に出会ったときのことを思い起こせば、容易に想像がつく。敵意をあらわにすることは、非常な危険がつきまとう。相手を殺そうとすれば、こちらが殺される可能性も増大する。したがって、最初にとる行動は、親しみを表すこと、敵意のないことを示すことであった。争い、戦い、征服などは、あくまでも例外的で異常な行為である。世界史の教科書には、このような事例ばかりが載っているので、ともすれば、過去に人類は争いばかりやってきたのか、という錯覚を覚えるが、何事もなければ教科書には載りにくい。ただそれだけのことである。人命尊重の観点から言えば、現代の方がさらに残虐である。有史以来、戦争で殺された人の99パーセントはこの20世紀に集中しているのだから。さて、異人種の中に混じり、数か月で意志の疎通から情報の伝達まで出来るようになると、次に求めたのは、お互いの持つ面白い話、つまり「民間説話」の交換であった。民間説話はこのようにして、多くの人が想像するよりはるかに古い時代から、民族や言語の壁はおろか、巨大な空間や大海を越えて、全世界にひろがっていったのである。

3　民間説話の特徴

発端句と登場者

　民間説話の特徴のなかで、表面的に目立つものを二、三あげておく。まず、目につくのが発端句である。標準的には、「昔むかしあるところに……」で始まる。英語の 'Once upon a time, there lived (was) ...' である。地方によって、「なんと昔があったげな」

「あったてんがな」「トント昔があったてんがね」などと変化するが、意味はまったく同じである。そして、「……おじいさんとおばあさんが住んでいました」「……きれいなお姫さまがいました」などと続く。こうした場合に、昔むかし、とはいつの時代なのか、あるところに、のあるところとはどこなのか、また、おじいさんとおばあさんの名前は、年齢は、お姫さまの目の色は、髪の色は、などということはいっさい特定されないし、問題にもされない。固有名詞が特定されない、ということが民間説話の一大特徴であり、神話や伝説と大きく異なるところである。登場者に名前があったとしても、ジャック、ハンス、イワン、○○太郎などといったごく単純な名前か、シンデレラ、白雪姫、赤頭巾ちゃんなどのようなニックネームに限られる。

難題

多くの話型に現れるモチーフである「難題」について簡単にまとめておく。民間説話に現れる「難題」を、大きく分けると次の三種となる。

1 過酷な労働

例えば、ペローのサンドリオン（シンデレラ）のように、家事・炊事・洗濯などのいっさいがひとりに押し付けられるケースである。この場合、十分な食物・衣服が与えられない、といった他のいじめの要素が加わるのが通例である。反対に、現代社会の、特に大人の世界でよく見られる、仕事を取り上げるといういじめはさらに陰湿である。過重な仕事は、ときに達成感にもつながるが、こちらには救いがまるでない。

2　不可能な仕事

不可能とは、理論上という意味である。広大な森林を伐採し、開墾し、種子をまき、収穫するまでを一日ですます、とか、縦横7マイルに深さも7マイル（実際にはありえない）ある湖の水を全部汲みだし、すべての魚を大きい順に並べる、などというのがこれにあたる。物語の中では、呪的援助によってこれは必ずなしとげられる。

3　無意味な仕事

グリムの「灰かぶり」などに見られる難題である。継母は、はじめ桶一杯の豆を灰の中にばらまき、灰かぶりに二時間でこれを拾わせる。小鳥たちの助けでこれがなしとげられると、今度は桶二杯の豆をばらまき、一時間で拾わす。同じく小鳥たちの援助で、これもなしとげられるのであるが、仕事の量は一気に四倍にはねあがる。しかも、この行為の裏にはとてつもなく大きな意味がかくされている。相当数の近代国家においても、重罪の政治犯によくこの種の刑罰が科せられたという。つまり、大きな土の山から少量の土をもっこでかついで数百メートル離れた場所に運ばせる。これを繰り返すうち、土の山はついに新しい場所に移動する。今度は同じように少しずつ土をかついでもとの場所に運ばせる。そして、これをいつまでも繰り返させるというものである。この刑罰を科せられると、どんなに強じんな精神の持ち主でも、数週間も経たぬうちに必ず精神に異常をきたしたという。人権を完全否定した、これ以上ない精神的拷問である。

民間説話の残酷性

先のグリムに見られるように、この精神的拷問が民間説話ではこともなくなされる。それどころか、いとも簡単に手足が切断された

り、首が飛ぶ。だから、民間説話は残酷だ、したがって幼い読者に与えるのはよくない、という意見が幅を利かせる。その結果、本来の姿からは想像もつかないほどに書き変えられたり、わい曲されることがある。三匹のコブタがオオカミと、カニの子が親の仇であるサルと、シンデレラがその継母や継姉と、あるいは白雪姫が（三度も自分を殺そうとした）継母と、仲直りをしたりする。一方では、グリムの残酷性をテーマとした本が超ベストセラーとなり、広く人口に膾炙する。これはいったい何を意味するのか。

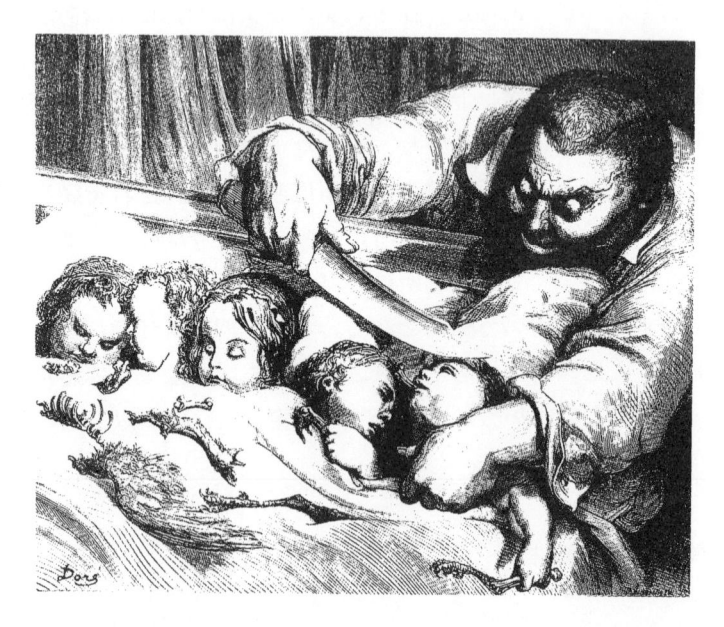

「大男は自分の娘たち7人ののどを切り裂いた」（C. ペロー「親指小僧」）
G. ドレ画（1862）当初残酷すぎるとの理由で英国では発刊が禁止された。

まず、民間説話の内容は本当に残酷なのかと問うてみたい。首が飛ぶ場面、火あぶりの場面、を耳にしても、聞き手はけっして血しぶきが上がったり、肉の焦げる状況を想像することはない。さんざひどい目にあわされた主人公が、苦労の末に魔法の指輪を取り戻し、逆にペテン師どもをロバに変え、高い山から突き落とすのを聞いて、聞き手は痛快さのあまり拍手喝采をするのである（「雄鶏の石」『ペンタメローネ』）。この場合のペテン師どもには、それだけの仕打ちを受けるに十分な理由があるかというと必ずしもそうではない。魔法の石は、もともとペテン師たちのものなのだから。にもかかわらず、もしこうでなかったら聞き手が納得しない、という部分もある。また、忠臣の命を救うために、王様がわが子の首をはねるとき、聞き手はその決断と愛情の深さに感動する（「忠義のヨハネス」『グリム昔話』）。もっとも、王子たちがすぐに生き返ることを、彼らは先刻承知しているからでもあるのだが。

　次に、「残酷さ見たさ」「恐いもの見たさ」は、人間の大きな特質であることを忘れてはならない。善い悪いの問題ではなく、厳然とした事実として、歴史が物語っているではないか。近代国家のほとんどで、比較的近い時代まで、死刑は公開で行われてきた。処刑を見るために、民衆は現在のプロ野球やサッカーの試合を見に行く感覚で処刑場に足を運んだ（1999年の夏、中東のある国で、夫殺しの30代女性に対して公開で執行された銃殺刑に、刑場となった競技場を満員とする4000人の観衆が詰めかけたという）。フランス革命時のコンコルド広場やロンドン塔の「拷問器具室」を見ると、人間というもののあくなき残虐性を思い知らされる。こちらの方が人間の実態を示している。コンコルド広場でギロチンで首が飛ぶごとに民衆は大歓声をあげたというし、ロンドン塔の拷問器具を見ると、同じ人間に肉体的・精神的苦痛を与えるために、どれほどの知恵をしぼったか、がひしひしと伝わってくるではないか。それに引き換え、民間説話

に現れる残虐シーン（と言われるもの）は、実にアッケラカンというか、ときには笑いを誘うものさえある。これをテレビや映画の暴力シーンと同じに論じるのは、ほとんど意味をなさない。民間説話の残酷さは、暴力の否定、命の大切さを、形を変えて訴えているのである。民間説話の暴力場面を聞いた子どもが成人して、暴力を肯定したり賛美するようになる、などという説は、何の根拠もないどころか、笑止千万である。それどころか、正反対の効果が期待できるのである。「教育的配慮」とやらで、いたずらに古来伝えられた民間説話をわい曲するなど、もってのほかと言わざるをえない。

三度の繰り返し

繰り返しの機能も民間説話の大きな特徴である。伝承においては、同じ事柄ないし言い回しがしばしば三度繰り返される。最初の二度は、まったく同じか、差異があったとしても、話型の本質に関わるものではない。そして、三度目に決定的な変化が起こり、物語は新しい展開を見せる。一例として、「三匹のコブタ」を見てみよう。

〈資料2〉三匹のコブタ（イギリス、抜粋）
　　　　（AT 124）

　　最初のコブタはワラで家をたてました。すると、オオカミがやって来て言いました。
　　「コブタくん、コブタくん、ぼくを中に入れてくれ」
　　「いやだよ。やだよ。やなこった」
　　「なんだと。じゃあこんな家はおいらの息で吹き飛ばしてやる」
　　そこでオオカミはフーッと一息でワラの家を吹き飛ばし、コブタを食べてしまいました。
　　二番目のコブタはハリエニシダで家をたてました。すると、オオカ

ミがやって来て言いました
「コブタくん、コブタくん、ぼくを中に入れてくれ」
「いやだよ。やだよ。やなこった」
「なんだと。じゃあこんな家はおいらの息で吹き飛ばしてやる」
　そこでオオカミはフーッ、フーッと二息でハリエニシダの家を吹き飛ばし、コブタを食べてしまいました。
　三番目のコブタはレンガで家をたてました。すると、オオカミがやって来て言いました。
「コブタくん、コブタくん、ぼくを中に入れてくれ」
「いやだよ。やだよ。やなこった」
「なんだと。じゃあこんな家はおいらの息で吹き飛ばしてやる」
　そこでオオカミはフーッ、フーッ、フーッ、と息をかけますが、レンガの家はびくともしません。

　このあと、オオカミは仕方なく屋根に上り、煙突から入ろうとして、煮え立つ大釜のなかに落ち、逆にコブタに食べられてしまう。
　「シンデレラ」の三度の舞踏会も分かりやすい。王子様と出会って愛を告白されたヒロインは、最初の二晩、午前０時前に会場を去る。三晩目にも逃げ帰ろうとするが、靴（ガラスとは限らない。詳細は第４章参照）を脱ぎ忘れる。この靴を用いた花嫁探しが、以後の中心テーマとなるのは周知のとおりである。
　この繰り返しの回数、三度については、多くの議論がなされてきた。欧米の学者たちはよく、三を聖なる数としてキリスト教の「三位一体」と結びつける。しかし、これはキリスト教圏に限ったことではなく、全世界に共通する。イザナギノミコトが、黄泉の国のヨモツシコメに追われるとき、うしろに投げるのは、髪飾り、ゆつつま櫛、そして桃の実の三種であり、その桃の実は三こである。キリスト教が伝来するよりはるか前の８世紀の文献（古事記）に、こういった例はいくつでも見られるのである。

三という数字が単に覚えやすいということに加えて、同じことを繰り返す際に、二度では徹底しないし、四度以上では冗漫になりすぎることから、三度に定着したものであろう。三度の繰り返しが、大小の核となって、語り手は物語を暗記し、聞き手もそこで語り手に声を和した。三度の繰り返しは、民間説話の生命力を維持し、強化し、その伝播、伝承に大きく作用したのである。そして、今日われわれの身の回りでも、「三」は何かにつけてしばしば応用される。講演やエッセイなどで、「特に重要な三点にしぼってお話しましょう」と前置きしたり、「では念のため以上の三項目の要点をもう一度繰り返しておきましょう」と、締めくくったりする。三という数字は、聞き手に強く印象づけたり、その記憶を助ける上できわめて効果的である。

結末句

　最後に結末句を見てみよう。日本では、「候えばくばく」「いちごブラーンとさがった」「むかしこっぽりドジョウの目」「むかしこっぽりゴンボの葉、和えて食ったら苦かった」など、地方によって千差万別である。外国でも、ただ単に「これでおしまい」だけでなく、「ほらほら、大きなネズミのお通りだ。あれの毛皮でりっぱな帽子が作れるよ」（グリム）とか、「（そこでふたりは結婚し、いつまでも幸せに暮らしましたとさ）わしもその婚礼に招かれて、紙の靴をもらったが、水に流れて溶けちゃった」（スコットランド）など、だれが聞いてもすぐにそれと分かる結末句で締めくくられるのが、民間説話の特徴である。

第3章　動物説話

　アールネとトムソンの分類によれば、動物説話には1から299までの番号が与えられている。このカテゴリーの特徴は、主要な登場者がすべて実在する動物であり、これらの動物がことばをしゃべり、思考し、行動することである。天狗、河童、鬼、妖精、巨人、竜、ユニコーンなどの架空の動物が登場する話は別のカテゴリーに属し、動物説話には数えない。動物説話に時折人間も登場するが、これはあくまでも端役であり、主役は常に動物である。動物説話を聞くとき、まず念頭に入れなければならないのは、これらの動物はすべて擬人化されている、という事実である。言い換えれば、人間にほかならないのである。ただ、それぞれの動物の持つ特性はそのまま語られることが多いので、これは話を分かりやすくするのにきわめて有効である。しかし、イヌやサルがものを言うはずがない、子どもだましだ、などといって頭から否定したり、無視するにはあたらない。実際にいくつかの実例を見てみよう。

1　尻尾の釣り
　　(AT 2　The Tail-Fisher)

　分布は、フィンランドの156話を筆頭に、ラトヴィア142話、スウェーデン96話、ドイツ86話、などがこれに続く。以下、フランス、リトアニア、エストニア、ノルウェー、ロシア、ハンガリーなどが目ぼしいところであるが、氷結する気候と密接に関係していることが分かる。高緯度にありながら、アイスランド（1）、スコッ

トランド（1）、アイルランド（12）などが意外に少ないのは、メキシコ暖流の影響で気温が比較的高く、池や湖が氷結することがめったにないという事実をよく表している。一方では、カリブ海のプエルト・リコなど氷とは無縁なところからも類話が報告されているが、これは明らかに北欧あたりからの移住者が持ち込んだものである。アールネとトムソンは日本での類話の存在をほのめかせているだけだが、実は東北以北に非常に厚く分布し、沖縄を除くほぼ全土で聞かれるくらいだから、世界的にも分布の厚い地域である。まず、北欧と日本の類話を読み比べてみよう。

〈資料3〉クマとキツネ（フィンランド）

　むかし、クマとキツネが一緒に暮らしていました。ところが、クマの方が体が大きく、力も強いものですから、だんだんとわがままになり、ついにはとても横暴になりました。キツネの方は、あまり面白くありません。でも、クマにさからうと何をされるか分かりませんので、表向きは従順なふりをしていました。
　ある朝、クマが言いました。「おい、キツネ。今日の夕食は魚だ。お前、川に行ってサケを取って来い」
　キツネは、夕方までかかってやっと2匹のサケを捕まえました。ところが、それを持って帰ると、すぐにクマが2匹ともペロリと平らげてしまいました。
　「たった2匹では満腹にならない。もっと多く取れないのか」
　この時、キツネにうまい考えがうかびました。
　「10匹でも20匹でも、いくらでも取れる方法はあるのですが、クマさんの力を借りねばなりません」
　「何だと。わしの力だと……」
　「そうです。その長い見事なシッポでサケを釣るのです。水に長く入れておけばおくだけ、たくさん食いつきます。1時間で10匹、2時間で20匹……。それに、今夜は満月ですから、特によく釣れるんです」

ぼくがよい場所に案内しますよ」
　キツネはけんめいにクマを説得しました。クマも、サケが20匹も釣れるならとだんだん欲が出てきて、とうとうシッポで釣りをしに行くことに同意しました。そこで、キツネはクマを案内して、村はずれの渕までやって来ました。
　「ここですよ。この渕にシッポを入れてじっとしていてください。いいですか、20匹食いつくまで、けっして動いてはだめですよ」
　クマは、言われた通りにじっとしています。シッポがだんだん重くなりますが、20匹のサケのことを思うと、ここがまんのしどころです。キツネは少しはなれた木のかげからこのようすをうかがっていましたが、クマのシッポがすっかりこおりついたのを確かめると、村までやって来て、猟師の家の外で叫びました。
　「クマが来るよ、クマが。ニワトリを取るつもりなんだ。もう村はずれの渕まで来ているよ」
　猟師は急いで鉄砲を取ると、猟犬をつれてかけ出しました。猟犬の声を聞いたクマは、大あわてで逃げ出します。そのはずみで、長い立派なシッポが、根もとからプツンと切れてしまいました。だから、今ではクマのシッポがあんなに短いのです。

〈資料4〉尻尾の釣り（日本）

　とんと昔、酒宴(おさやく)をするちゅうと、狐が化けて来て油揚げを腹一杯食うて、ないようになるまでいなんげな。
　そんで真さんいうおんちゃんが考えてのうし。狐を生取(しんど)りにしちゃろうと思うて、鮒(どっさり)を沢山取って来て油揚げにして、皿鉢(さわち)へ盛って酒宴をして飲みよったそうな。ところがはや類族のおんちゃんに化けて来て、鮒の油揚げを手でつもうで、うまそうに食いよる。
　それから「この油揚げはしよう（本当に）うまいのう。この鮒はどうやって取るがぜよ。わしに教えてくれんろうか」「それかよ。鮒を取るにゃァ今晩みたいにうんとひやい晩にのうし。狐の尾を持っちょる者(もん)に借って来て、厚い氷が張っちょるばァひやい晩にのうし、氷に穴

をあけちょいて狐の尾を穴の中へ入れて、動かさんづつに朝までおったら、なんぼでも鮒が取れらァョ」ちゅうて教えちゃった。

狐はたいてェ喜こうで、よっし、俺も鮒をこじゃんと（沢山）取っちゃろう思うて、ひやい晩に氷に穴をあけちょいて、その穴へ尾を突込うでおったところが、大分尾が重とうなった。こりゃァ大分(だいぶ)取れたもんぢゃァ。朝までこうしよったら、担(い)のうて帰るばァ取れるろうと思うて朝までつけちょったと。

それから朝、貞さんが行てみたら狐がおるおる。氷に尾がひっついて動けんようになっちょるのを生け取りにしたげな。それからこっち、狐が人を化かいたり悪(わり)いことをしたりせんようになったつわェ。

（坂本正夫編『猿の生肝・土佐の昔話』桜楓社、1976、28-29）

国際比較と考察

本話型は、気候と、意外に思う人も多いだろうが、中世封建時代の歴史を反映したものである。まず、雪や氷とは無縁の地域に発生する可能性はきわめて低い。当然ながら、少なくとも冬期においては、池や川が固く氷結する地域でなければならない。凍ると言っても、薄氷程度では、この話に見られる発想は浮かばないだろうから、わが国などはかなり限定された地域のものとなろう。現代になって、実物を見ることはなくとも、マスコミ等によって雪や氷の実態が全世界に知れ渡ると、話としてはどこにでも飛んで行く。先のプエルト・リコの例などがその典型である。しかし、先の分布に見られる国や地域から、あるひとつの重要な真理がうかがえる。一見ごく単純な話で比較の対象にもならないように見えるが、注意してみると東西の大きな相違点に気がつく。つまり、これらの地域で聞かれる類話のほとんどでは、だますのがキツネであり、だまされる方がクマかオオカミに限られる。キツネは、ヨーロッパではときに狡猾ではあるが、主に狩りの対象とされるような弱い存在であり、日本の

ように神格化されたり、変身して人をだますようなものではない。つまり、キツネ対クマないしオオカミは、弱者対強者の関係なのである。ところが、日本のものでは前者にサルやカワウソが加わったり、後者もウサギ、イタチなどと多岐にわたる。つまり、弱者対強者の関係はいっさいなく、ただ面白おかしいトリックスターの話として、定着したものである。

　これに対して、北欧のものには、きわめて深刻な側面がある。弱者対強者は、支配されるものと支配するものの関係でもある。これには、国対国、民族対民族、階級対階級といろんなケースがあるが、中世封建時代の北欧にはこの要素が充満していた。フィンランドやバルト諸国とロシア、スカンジナビア諸国やドイツとデンマーク、あるいは時代によってはドイツ対フランスも、国規模の弱者・強者の関係にあったし、ヨーロッパのほとんどの地域で、一般庶民は支配階級の圧制に苦しんでいた。このような中で、支配される側が、民間説話を用いて、支配する側に、せめてもの一矢を報いているのである。日本の類話にこの要素がないとは言わないが、国対国（旧藩）の力関係は（ヨーロッパに比べると）ずっと希薄であったし、階級によるそれも、歴史的にはごく短期間で、圧制の程度は比較にならなかった。フランス革命と、せいぜい農民一揆のへだたりくらいなものである。

2　ウサギとカメ
(AT275A Hare and Tortoise Race)

　だれ知らぬ者のない「ウサギとカメ」の寓話は、古代インドの仏教説話かギリシアの『イソップ（イソホ）物語』が起源である。日本には仏教伝来とともにやって来ているから、相当古くから知られ

ている。むしろ、日本独自の話と信じている人も多い。ある意味では、外国でどんどん変形して行く中で、日本のものだけが原姿を維持しているとも言える。とりあえず、いくつかの資料を読み比べてみよう。

〈資料5〉うさぎとかめ（石原和三郎　作詞）

　　　　もしもし亀よ　亀さんよ
　　　　世界のうちに　お前ほど
　　　　歩みののろい　ものはない
　　　　どうしてそんなに　のろいのか

　　　　なんとおっしゃる　兎さん
　　　　そんならお前と　かけくらべ
　　　　むこうの小山の　麓(ふもと)まで
　　　　どちらが先に　かけつくか

　　　　どんなに亀が　いそいでも
　　　　どうせ晩まで　かかるだろ
　　　　ここらでちょっと　ひとねむり
　　　　グーグーグーグー　グーグーグー

　　　　これは寝すぎた　しくじった
　　　　ピョンピョンピョンピョン　ピョンピョンピョン
　　　　あんまり遅い　兎さん
　　　　さっきの自慢(じまん)は　どうしたの

〈資料6〉カメとスイギュウ（フィリピン）

　なつのあるひ、スイギュウがいなかのみちをあるいていると、たんぼからカメがあがってきました。

「こんにちは、スイギュウさん。ごきげんいかが」
「あつくてあつくてたまらんよ。みずあびをしたいんだが、このあたりにいけはないかね」
「いけならこのさきにありますよ」
「おおきさはじゅうぶんだろうな。なにしろわしは、くにでいちばんおおきなどうぶつだからな」
カメはスイギュウとなかよくなりたいと、おもいました。
「おおきさはじゅうぶんだけど、すこしとおいから、ぼくがあんないしてあげますよ」
「わしはいそいでるんだ。おまえといっしょにいったんでは、ひがくれちまうよ」
カメのこころは、ひどくきずつきました。
「せっかくおやくにたてればとおもったのに、そのいいぐさはないでしょう」
「のろまにのろまっていっただけだよ。それとも、おまえがこのわしよりはやくはしれるとでもいうのかい」
「もちろんですとも。かけっこならあなたなんかにまけません。なんならこれからきょうそうしましょうか」
「せかいいちののろまのおまえと、かけっこはできないよ」
スイギュウは、そのままあるきさろうとしました。
すると、うしろから、カメのこえがおいかけてきました。
「じゃあ、これからくにじゅうをまわって、スイギュウはカメとかけっこもできないおくびょうものと、いいふらしますが、それでもいいですね」
これはききずてなりません。スイギュウはいいました。
「わしはおくびょうものじゃあない。よし、おまえのちょうせんをうけてやる」
「では、ここからみっつのおかごえで、いいですね」と、カメがいいました。
「いや、ななつのおかごえだ。それに、おたがいのなかまにしらせるために、きょうそうはみっかごにしょう」と、スイギュウがいいました。
カメはそのばん、ななひきのなかまをあつめて、なにやらみみうちをしていました。
いよいよ、きょうそうのひになりました。

おおぜいのどうぶつたちのみまもるなか、カメとスイギュウはスタートラインにつきました。
カエルのしんぱんいんが「ヨーイ・ドン」のあいずをして、ふたりはいっせいにかけだしました。
スイギュウは、ゆっくりと、はなやチョウをかぞえながら、あるきました。どうせカメは、まだまだ、ずっとうしろにいるとおもったのです。
ところが、さいしょのおかにきたとき、めのまえをカメがのそりのそりと、あるいてゆくではありませんか。
しかも、「スイギュウなんかにまけるものか。スイギュウなんかにまけるものか」と、つぶやいています。
スイギュウはじぶんのめをうたがいました。
こんどはとちゅうでやすまず、にばんめのおかにやってきました。
ここでも、めのまえをカメがのそりのそりと、あるいてゆきます。
「スイギュウなんかにまけるものか。スイギュウなんかにまけるものか」
スイギュウはぜんりょくではしり、さんばんめのおかにやってきました。
やはり、カメがめのまえをあるいてゆきます。
4ばんめのおかでも、5ばんめのおかでも、おなじことがおこりました。
こうして、6ばんめのおかをこえ、7ばんめのおかにきたとき、スイギュウはもうヘトヘトでした。
それでも、さいごのちからをふりしぼり、ゴールにむかってゆきました。
ところが、それよりひとあしさきに、かたわらのくさむらにかくれていたカメがゴールにとびこみました。
こうして、きょうそうは、カメのかちとなりました。
　（三宅忠明文。絵本『カメとスイギュウ』アルコプランニング、1998、より抜粋。イラストは省略）

〈資料7〉シカとカメ（キューバ）

　昔むかし、シカとカメが競走することになりました。勝った方が大金をもらうという条件です。シカは、負けるはずがないと思い、うれしくてたまりません。だから、だれかれかまわず、この競走のことを

言いふらしていました。カメの方は、何やら入念に準備をしていたようです。

いよいよ競走の日がきました。隣村の向こうのはしまで行って、もとのところに引き返してくるコースです。出発の合図とともに、シカはすごい勢いで駆けだしました。やがて村の中ほどにある床屋の前までくると、余裕を見せるためにヒゲをそって行こうと思いました。半分そったところで、シカはひとりごとを言いました。

「カメはどの辺まできたかな。どうせ、まだずっとうしろだろう」

その時、外でこんな声がします。

「シカに負けてなるものか」

なんと、カメの声ではありませんか。シカは、ヒゲを半分そりのこしたままあわててとび出し、また全速力で駆けだしました。隣村にくると、たいそうお腹がへってきましたので、何か食べて行こうと、レストランに入りました。二口三口食べたところで、またひとりごとを言いました。

「カメはどの辺まできたかな。どうせまだずっとうしろだろう」

すると、また外からカメの声が聞こえます。

「シカに負けてなるものか」

シカは、食べ物を口にふくんだままあわててとび出し、また全速力で駆けだします。隣村のはしで引き返し、シカはおそろしい勢いで、もとの出発点に向かいました。もう大丈夫だろうと思ってすこし速度を落としうしろを振り向きますが、カメの姿は見えません。

「カメはどこまできたかな。どうせまだずっとうしろだろう」

「シカに負けてなるものか」

前を見ると、カメがゆっくりゆっくり歩いて行くではありませんか。シカは、また狂ったように駆けだしました。やがて、向こうの方にゴールが見えてきました。

さて、多くの仲間をコースの途中に待機させ、「シカに負けてなるものか」と言わせていた当のカメは、ゴールの前の草むらにかくれていました。そして、シカの足音が聞こえてくると、そこからはいだし、シカより一瞬早くゴールに入りました。見物の動物や村人たちは、カ

メに対してヤンヤの拍手を送ります。シカは、恥ずかしさのあまり、山の奥に逃げこみました。だから、今でもめったに人里にはおりて来ないのです。

〈資料8〉ワシとミソサザイ（スコットランド、要旨）

　あるとき、鳥たちが全員集まって、一番高く飛べたものを王様にしようと決めた。大きな鳥も小さな鳥も、合図をもとに一斉に飛び立った。スズメやツバメなどの小さな鳥はすぐに脱落して、舞い降りてきた。次に、ヒバリやカラスなど中ぐらいの鳥が降りてきた。最後にタカとワシが残り、二羽はどんどん高くまで飛び、とうとう地上からは見えなくなった。いくつもの雲を越えた時、とうとうタカが諦めた。最後にワシがゆうゆうと降りてきたとき、鳥たちは一斉に叫んだ。
「やっぱりワシさんがわれわれの王様だ」
「そうだ。そうだ。ワシさんより高く飛べるものはいない」
「じゃあ、みんな、ワシさんを王様にすることで異議はないね」
　その時、すみっこで小さな声がした。
「異議があるよ。わたしはワシさんより高く飛べるもの」
　見ると、スズメより小さなミソサザイではないか。
　これにはいあわせた鳥どもは大笑いです。
「アハハハハ。ちっちゃなお前さんが、ワシさんよりも高く飛べるだって」
「いいとも。お前の挑戦を受けてやろう」とワシが言いました。そこで、ワシとミソサザイの一騎打ちとなりました。
　ヨーイ・ドンの合図で二羽はいっせいに飛び立ちます。ところが、ミソサザイはひょいとワシの背中に飛び乗ったのです。ワシは最初の雲の上までくると、
「ミソサザイもここまではついて来れまい」とつぶやきました。
　ところが、ワシの背中からミソサザイの声が聞こえます。
「わたしはここにいますよ」
　おどろいたワシは、もっと上の雲まで来ました。

「どうだ、ミソサザイ、ここまではついて来れまい」
「わたしはここですよ」とまた背中でミソサザイの声がします。
　とうとうワシは、自分でもこれ以上は飛べない一番高い雲の上までやって来ました。
「どうだ、ミソサザイ、ここまではついて来れまい」
「とんでもない。こんなの朝飯前ですよ。わたしはちゃんとワシさんの上にいます」
　これで、ミソサザイの勝ちとなりました。

国際比較と考察

　競走の本質についてはもう一度詳しく述べる機会（「呪的逃走」の項）があるので、ここでは弱者が強者に勝つことの意味だけを指摘しておきたい。方法は大別して三つある。ひとつは強者の油断、次に仲間の協力、最後が知恵の働きである。
　日本でよく知られるプロットは、先に示した童謡の歌詞と同一であり、これによって定着したものである。明治34年（1901）7月に幼年唱歌（二の上）に掲載されて以来、一世紀にわたって全国民に親しまれてきた。しかし、現在の児童・生徒の中には、「競走相手が寝ているのを見て起こそうとしないカメは、フェアプレイの精神に欠ける」と指摘する者もあると聞く。心強い指摘ではある。もともとイソップでも仏教説話でも、ウサギの油断を戒めたもので、カメの勝利を称賛したものではない。そもそもこの話にはなんらかの無理がある。まず、競走中に相手が寝込むなど、そうそう期待出来ることではない。まったくの僥倖(ぎょうこう)による勝利であり、カメに夢と希望を持たせる要素は皆無である。しいてあげれば、話題を提供したということか。大番狂わせが起これば、大相撲でも座布団が飛ぶ。
　これに対して、後二者には、ポジティヴな要素がある。特に仲間の協力、ないし適材適所をテーマとした民間説話は無数に存在する。

本書でとりあげるものの中でも「桃太郎」のイヌ、サル、キジ、「ブレーメンの音楽隊」のロバ、イヌ、ネコ、オンドリ、さらにはグリムの「六人男世界歩き」におけるそれぞれの業師、「猿蟹合戦」のクリ、ハチ、ウス、（多くの伝承ではこれに、ウシグソ、クサレナワなどが加わる）などは、異質な（取るに足らぬと思われている）ものがそれぞれの特性を発揮して偉業をなすことを示し、本話型の、キューバやフィリピンの類話は、大勢の同じ仲間による一糸乱れぬ協力を必要とする。スコットランドの「ワシとミソサザイ」は、純粋に知恵の働きによる勝利であるが、実はこれがヨーロッパにおける主流となっているのである。イソップの本家ギリシアからイタリア、ハンガリーを経て北はラプランドに到る広範囲に分布しているのだが、そのほとんどが、「ザリガニがキツネの尻尾にぶらさがって競走に勝つ」などと変化はするものの、日本で知られる「居眠り型」は皆無に近い。弱者がけたちがいの強者に勝つとき、これをもって日本の特徴とし、国民性として論じるには問題がある。イソップ以来、世界の類話がこのように変化する中で、日本のもののみ「居眠り型」で定着した最大の要因は、疑いもなく先にあげた唱歌である。わが国にも、「協力型」「知恵の働き型」は、他の話型には相当数見られるのだから。

3　心臓を家に置き忘れたサル
(AT91 Monkey (Cat) who Left his Heart at Home)

　インドを中心としてアジア全域から、アフリカ、カリブ海まで分布する国際話型である。さっそく、ふたつの類話を読み比べてみよう。

〈資料9〉サルのキモ（インド）

　昔むかし、大きな川に仲のよいワニの夫婦が住んでいました。奥さんの方は頭もよく、気の強いワニでしたが、夫の方はそれほどでもなかったようです。
　いつのころからか、夫のワニはよく岸辺に遊びに来るサルと仲良しになり、やがて暇さえあればそのサルとおしゃべりをしに出かけるようになりました。奥さんのワニは、これが面白くありません。そこで、夫のワニに言いました。
「ねえ、お前さん。どうやらわたしのお腹に赤ちゃんが出来たらしいんだけど、そのためか近ごろ体の具合がよくないんだよ」
「それは大変だ。何かわしに出来ることはないかね」
「ないこともないけど、それにしてもねえ……」と奥さんワニはわざと口ごもってみせます。
「何だい。はっきり言ってごらんよ。わしはお前のためなら何だってするよ。たとえ、この世で一番大切なものをなくしても。そうだ、このわしのいのちだって」
「わたしが元気になって、立派な赤ちゃんを産むためには、どうしても食べなきゃあならないものがあるんだよ」
「なんだ。そんなことか。いいとも、何だってわしが取って来てやろう」
「でもねえ。あんたにはこれはむずかしいよ」
「わしにむずかしいことなどあるものか。さあ、言ってごらん。いったい何だね、その食べ物とは」
「じゃあ言うけどね。それは、生きたサルのキモなんだよ」
　これを聞くと、さすがの夫ワニも頭をかかえてしまいました。いくらなんでも親友のサルに生きたキモをくれなどとはとても言えません。夫ワニは、少ししかない知恵を懸命にしぼりました。そして、次の日、川岸にやって来たサルに言いました。
「やあ、サルさん。一度向こう岸に行ってみないかい。木の実もいっぱいなってるよ」

「それはいい。こちら側はもう食べ物もなくなったしね」
「じゃあ、ぼくの背中にお乗りよ」
　サルが背中にとび乗ると、さっそくワニは泳ぎはじめました。ところが、川の中ほどまでくると、ワニは急に水の中にもぐりはじめます。
「わっ、ワニさん、どうしたんだ。水にもぐったりしたらぼくはおぼれてしまうよ」
「サルさん、悪いけど、木の実の話は嘘なんだ。じつは、家内の具合が悪くて、どうしても生きたサルのキモがほしいと言うんでね」
　サルは、とっさに考え、そして言いました。
「そうだったのかい。それならそうとはじめから言ってくれれば、ちゃんとキモを持って来たものを。すこしでも身を軽くしようと思って、君の背に乗る前に、キモは木の枝にかけて来たんだよ。じゃあ、これからキモを取りに引き返そうよ」
　夫ワニは、サルのことばを信じ、もとのところに引き返しました。岸に近づくと、サルは川に張り出した枝に飛びつき、そのまますると、木のてっぺんまでのぼってしまいました。そして、下からいくら夫ワニが呼んでも、ふたたびおりては来ませんでした。

〈資料10〉 猿の生き肝（日本）

　とんと昔あったげな。竜宮の乙姫さまが、えしれぬ病気（奇病）で寝込うだちゆうウェ。竜宮ではみんなぁが困って、お医者のタコ入道に診てもろうたところが、「これは普通の薬ではいかん。こがな病には猿の生肝を煎じて飲うだらすぐ治ると、昔からの話ぢゃァけに、それを飲まいてみよ」というていんだ（帰った）つわェ。さァ竜宮城は大騒ぎ。
　さァて、猿の居る所はどこぢゃろうと云うことになったと。ところがクラゲが「土佐の西の方に野猿が沢山松の木に登って、キャッキャッと云いよる所を見たので、そこへ行てうまいこと云うて、猿を連れて来たらどうぢゃろう」いうたと。そんでタイやヒラメらァが、「そりゃァ、その猿を連れて来るのをクラゲに頼うだらええ」ということに

なって、クラゲが猿を連れェ行くことになったと。クラゲは自分から云い出いたもんぢゃケ、引き受けて猿をつれて来ることにしたつわェ。

それからクラゲが土佐の西の方の海辺へ来てみると、松の木の頂上に猿が居ると。そんで、あァ居る居る。よかったョ。これでうまいこと云うて竜宮城へ連れて行たら、褒美をたんまり（沢山）もらえるが、さァどういうて連れて行こうかと考えて、ええことを考えついた。

それから、「猿さん猿さん、今日は大変お天気がええのう。海はよう澄んぢょるし、きれいぢゃァし、今日あたり竜宮城へ行たら、そりゃァまつこと昔話そのままョ。わしの背中へ乗って、行てみんかよ」いうと、猿は「えェ、おまんの背中へ乗せて行てくれるちゆうかェ。そりゃァええ按配ぢゃァ。今日は格別なんにもしよらんけに、そうしてもらおうか」いうと。

クラゲは心のうちでは、こりゃァうまいこといくわいとにんにん（大変喜んで）して、「そいたらわしの背中に乗りや、今から行こかのう」いうと、「そいたらそうしょうか」いうて、松の木からするすると降りて来て、クラゲの背中に乗った。それからだいぶ来た時分に猿が、「おまさんはげに（本当に）親切な人よのう。わしやァ感心したョ」いうと、クラゲはもう大分来たけにかまんと思うて気がゆるんで、「実はのう。竜宮の乙姫さまが何やら分らん病気になって、魚一族が集って会議の上タコ入道チクアン先生に診てもろうたら、この病は猿の生肝を煎じて飲まいたらすぐ治るいうけに、おまさんに行て乙姫さまの病気を治いてもらおうと迎えに来たわョ。」いうたと。

これを聞いた猿は、「ありゃァ、そうぢやったかョ。そんなら初めから云うたら、その乙姫さまの病気を治すために、わしの生肝を持って行てやるがぢゃったに。おまん、そのことを云わんもんぢゃァけに松の木のてっぺんへ、吊ったのを持って来ざったわョ」いうた。そいたら、「それを持って行ちやらにゃァいかんけ、元の所へもんとうせ」いうと、「そりゃァ、そいつがなけりゃァ用事にならん」いうて、まァた元の松の木のもとへあと戻り。

猿は元の松の木へつるつるつると走り上った。クラゲはもう降りてくるかくるかと待ちよったが、ちっとも降りて来んもんぢゃあケ、

「猿さんよ、生肝を持ったら早う降りて来いや。もうなんぼになるぜョ。わしゃァ待ちかねたが」いうと、「もう降りては行かんぜョ。生肝はいっつも、わしゃァ離いたこたァない。生肝を取られちゃァ、わしゃァ死ぬらァョ。そんで松の木のてっぺんへ掛けちゃァると云うたがョ」いうたと。

クラゲは、こりゃァしもうた。あがなことを云わにゃァよかったと思うたが、後のまつりョ。しおしおとたっすう（弱り切って）なって、竜宮城へいんだと。竜宮城ではタイやヒラメらが、クラゲが猿を連れて来るのを、首を長うして待ちよったと。そこへ猿を連れんづつにもんてきたので、寄ってたかって問いつめたところ、「しかじかかよう」との顛末。それを聞いた魚どもは怒るまいことか、寄ってたかってみんなァが叩いて叩いて、その上、背中の骨を一本、一本引き抜いてクラゲをグニャグニャにしたげな。

クラゲもいらんことを云うたばっかりに、猿に逃げられて自分は骨なしになって、元の体ぢゃァないようになって後悔したけんど、どもならざったと。そんでのう、ものはよう考えて云わんといかんぞ。昔まつこうか猿まつこうとはこのことかのう。

（坂本正夫編『猿の生肝・土佐の昔話』桜楓社、1976、41-43）

比較と考察

　仏教説話は動物説話の宝庫である。古代のインドにおいて、カースト制度の最上位に位置する僧階級は、これらの説話を子女の教育に用いた。立派な指導者になるために、そして人としての道を教えるのに、動物説話を用いたのである。幼い子女に理解しやすくするために、動物を登場させるのがもっとも効率的と考えられたのである。もうひとつの宝庫は、ギリシアの『イソップ物語』である。この両者のあいだには、多くの共通点がある。説話群の趣旨が似かよっていることもさることながら、共通な物語そのものも多い。

　では、彼らはこの話から子女に何を教えようとしたのか。あるい

は、読者諸氏は、何を読み取ったであろうか。正解を先に言うと、これは一種の危機管理論である。もとの仏教説話では、サルの知恵と機転に焦点が当てられて、ワニの愚かさは二の次なのである。突発的な危機からいかにして逃れるか、を教えるのである。この話のサルは、いわば絶体絶命の危機に陥っている。もはや独力で泳いで逃れることは出来ない。脅しても、すかしても、懇願しても、無意味である。しかも、心の動揺を相手に気取られたらおしまいである。一瞬の迷いも許されない。間髪を入れぬ、とっさの判断が要求される。君主たるものはこうあるべきという、いわば帝王学の一部でもあったのである。

　ちょうど本稿を書いているとき、さる新聞のコラム記事が目に留まった。銀行で首尾よく現金を奪った犯人が、逃走のため止めていた車に戻ってみると、差していたはずのキーがない。女性客のひとりが機転を利かせて、車のキーを抜いていたのだ。いまひとつは、マレーシア沖で起きた豪華客船の沈没事故。船長はとっさに、「甲板でバーベキューパーティーを」との連絡を流して、乗客を混乱なく誘導、大惨事を免れたという。コラムは、ともに突然の緊迫した状況下で、冷静に次の展開を読んだ見事な判断と絶賛している。

　もとの説話に立ち戻ろう。この話は仏教とともに日本に渡ってきて、微妙な変化をとげている。話の舞台が龍宮城になり、使いの役目を帯びるのが、圧倒的にカメとクラゲとなる。そして、失敗して罰を受け、カメの背中がひび割れし、クラゲは骨無しになる。つまり、焦点が、危機を脱するサルから、愚かな使い役に移ると同時に、一種の由来譚となっているのである。さらに、龍宮城とカメといえば、だれでも「浦島太郎」を連想するに違いない。少なくとも、もとの仏教説話にあったような教訓は、すっかり消失しているのだ。

4 ブレーメンの音楽隊
(AT 130 The Animals in Night Quarters, or Bremen City Musicians)

「ブレーメンの音楽隊」としてあまりにもよく知られているが、ブレーメンの町はいっさい登場しない。民間説話の特質を考えると、きわめて異例なケースである。本来は、特定の地名とは関わりのない国際話型なのだから。アールネとトムソンによれば、最多はアイルランドの63話、続いてドイツの49話、さらにスウェーデンとデンマークの46話、フランスの45話あたりが目ぼしいところである。しかし、分布はアジア、アフリカ、西インド諸島、と広範囲に及ぶ。

ブレーメンという地名を用いたのはグリムの気まぐれか、何か故あってのことであろうが、おかげでブレーメンの町は、大変な恩恵を蒙ることになる。一躍町の知名度が上がり、今やドイツ有数の国際都市である。グリム記念公園をはじめとして、町中にこのお話の雰囲気が漂い、毎年世界中から訪れる観光客の数とそれがもたらす経済効果は計り知れない。さながら、イギリスにおけるシェイクスピアの生誕地ストラトフォード・アポン・エイボンを彷彿とさせる。たかだか子どもだましの童話などとあなどってはいけない。民間説話の持つ意外な影響力の一例としてとらえられよう。内容分析と国際比較は、次の資料を読まれたあとで行うことにする。

〈資料11〉ブレーメンの音楽隊（ドイツ、グリム、要約）

　　ある男が飼っていたロバが、年取って役に立たなくなったので、そろそろ毛皮にしようと思っていた。これを察したロバは、ブレーメンの町を目指して逃げ出す。
　　しばらく行くと、老犬に出会い、話を聞くと同じ境遇だというので、二匹は道連れになる。さらに行くとネコとオンドリに出会い、四匹でブレーメンに行って音楽隊をやろうということになる。

第3章 動物説話　47

「ロバはいななき、イヌは吠え、ネコはニャーゴと大声を、
　オンドリはコケコッコーとトキをつげ……。」
　　　　アーサー・ラッカム画

ブレーメンの音楽隊（画家不詳）

途中で日が暮れて、四匹は森の中で野宿をする。遠くに明かりが見え、行って中をのぞくと泥棒たちが酒盛りをやっている。そこで四匹は相談し、泥棒を脅かしてご馳走をいただこうと衆議一決する。まずロバが窓のさんに前脚をかけ、その背にイヌが乗り、さらにその上にネコが乗り、てっぺんにオンドリが乗った。そこで四匹がいっせいに大声を出したので泥棒たちは逃げ出した。四匹はたらふく飲み食いし、すっかり満足してそれぞれの床につくことにした。
　一方、泥棒の頭は、家の明かりが消えたのを見て、手下のひとりに様子を見に行かせる。手下は、闇に光るネコの目を見て、それでマッチを擦ろうとする。驚いたネコに引っ掻かれ、手下は裏木戸にまわろうとして、そこにいたイヌに嚙みつかれる。さらに、納屋でロバに蹴り上げられ、オンドリの大声に脅かされて、ほうほうのていで逃げ帰る。そして頭に、あの家には恐ろしい魔物が住んでいて、屋根には判事が座っていると報告する。泥棒は、自分たちの家を放棄し、四匹はそこで安楽に暮らす。四匹は今でもきっとそこに住んでいますよ、との結末句で終る。

〈資料12〉白い羊の話（スコットランド）

　むかし、百姓が白い羊を飼っていた。ところが、クリスマスが近づいたので、この羊を殺してごちそうにしようと言った。羊はこれを聞くと、こりゃあたいへんとばかり、すたこら逃げ出した。
　しばらく行くと、雄牛に出会った。
「よう、羊どん」と雄牛が言った。「どちらへお出かけかね。」
「それがね」羊は言った。「クリスマスのごちそうにされそうなんで、逃げ出して一旗あげるところさ。」
「じゃあ、わしもついて行くとしよう。だって、わしも同じ立場なんでね。」
「それがいい」羊が言った。「旅は道連れというからね。」
　しばらく行くと、ふたりは犬に出会った。
「よう、羊どん」と、犬が言った。「どちらへお出かけかね。」

「それがね」羊は言った。「クリスマスのごちそうにされそうなんで、逃げ出して一旗あげるところさ。」
「じゃあ、わしもついて行くとしよう。だって、わしも同じ立場なんでね。」
「それがいいよ」羊が言った。
　一行がしばらく行くと、猫が仲間に加わった。
「あら、羊さん」と、猫が言った。「どちらへ、お出かけ?」
「それがね」羊が言った。「クリスマスのごちそうにされそうなんで、逃げ出して一旗あげるところさ。」
「じゃあ、わたしもついて行くわ。だって、わたしも同じ立場なの。」
「それがいいよ」羊が言った。
　一行がしばらく行くと、オンドリに出会った。
「よう、羊どん」と、オンドリが言った。「どちらへお出かけかね。」
「それがね」羊が言った。「クリスマスのごちそうにされそうなんで、逃げ出して一旗あげるところさ。」
「じゃあ、わしもついて行くとしよう。だって、わしも同じ立場なんでね。」
「それがいいよ」羊が言った。
　一行がしばらく行くと、がちょうに出会った。
「よう、羊どん」と、がちょうが言った。「どちらへお出かけかね。」
「それがね」羊が言った。「クリスマスのごちそうにされそうなんで、逃げ出して一旗あげるところさ。」
「じゃあ、わしもついて行くとしよう。だって、わしも同じ立場なんでね。」
　こういうわけで、みんなで歩いているうちに日が暮れてしまった。ところが、遠くのほうに明りが見える。長い道のりをものともせず、一行はその家の前までやってきた。家に着くと、中をのぞいてみようじゃないかということになり、のぞいてみるとおどろいた。どろぼうどもが山のような金をかぞえているではないか。
　大将の白い羊が言った。
「どうだ、みんなでそれぞれ大声を出してやろうじゃないか。わしは

羊のいななきを、雄牛は雄牛のいななきを、犬は犬の大声を、猫は猫の大声を、トリはトリでトキを告げ、がちょうはがちょうでガーガーと、みんなでいちどきにやってやろうよ。」
　というわけで、いち、にの、さんの合図でやったんだ。すごい声だったの何のって。

　「**ゲェ～オォ～！**」ってね。

　どろぼうたちは、この外の大声を聞いたとき、てっきり魔ものが来たと思い、近くの森に逃げこんだ。白い羊とその仲間たちは、家がからになったのを確かめると、中に入って行き、どろぼうたちが勘定していた金を全部手に入れ、みんなで山分けした。そのうち、旅の疲れもあって寝ることになったんだが、また白い羊の大将が言った。
　「雄牛どんよ、お前さんはどこに寝なさるね。」
　「いつものように、戸の裏にでも寝るとしよう」と、雄牛が言った。
　「で、お前さんは?」
　「いつものように」と、羊が言った。「床のまん中に寝るとしよう。で、犬どんはどこへ寝なさるね。」
　「わしもいつものように、いろりの横に寝るとしよう。」
　「で、猫さんはどこに寝なさるね。」
　「わたしは、ろうそく箱の中がいいわ。」
　「で、オンドリどんはどこに寝なさるね。」
　「わしはいつものところ、天井の上に寝るとしよう。」
　「で、がちょうどんはどこに寝なさるね。」
　「わしもやっぱり寝なれた、たい肥の山で寝るとしよう。」
　みんなが休んでしばらくすると、どろぼうのひとりが、家の様子を見にもどって来た。静まりかえって、しかもまっ暗なもんだから、まず明りをつけようと思ってろうそく箱のほうに行った。ところが、箱に手をつっこんだとき、猫がその手にしたたかつめをつきさした。でも何とかろうそくを取り出して、火をつけようとしたんだが、こんどは犬が立ち上がって、近くにあった水がめにしっぽを入れて振り回し

たから、水が散って火を消してしまった。どろぼうは、魔ものが家の中に入って来たのだと思い、あわてて逃げ出した。ところが、どろぼうが白い羊の横を通りすぎるとき、白い羊は前足でなぐりつけ、雄牛のところを通ると、雄牛が後足でけり上げた。するとオンドリが高々と鳴きはじめ、外に出ると、がちょうが羽根で男の向こうずねを打ちすえた。

　男が仲間のいる森へ、ほうほうのていで逃げ帰ると、仲間は、どんなぐあいだったかと尋ねた。

「どうもこうも、さんざんな目にあったよ」と、男は言った。「明りをつけようとしてろうそく箱のところに行くと、その中にナイフを持った男がいて、一度に10本も手にぶちこまれたんだ。それでも、火をつけようとしていろりのところに行くと、そこには黒い大男が寝ていて、水をぶっかけて火を消してしまうし、外に出ようとすると、床のまんなかにも大男が寝ていて、したたかなぐりつけてくるし、戸の裏には別の大男がいてわしを外にほうり出すし、天井には小さなやつがいて、『コケーツレテケー、ドヤシツケテ、ヤルケー』とどなっとる。外のたい肥の山の上にはくつなおしがいて、前かけでわしの向こうずねを打ちすえるんだ。」

　これを聞くと、どろぼうたちは、金をとりにもどるのをあきらめてしまった。というわけで、財宝はみんな白い羊とその仲間のものになり、みんなそこを住みかにしていつまでも気楽に暮らしたということだ。（三宅忠明『スコットランドの民話』大修館書店、1975、49-53）

〈資料13〉馬と犬と猫と鶏（日本）

　お金持ちの家に使われていた馬と犬と猫と鶏とが、貧乏になったのでひまを出されて旅に出る。途中で日暮れになってしまったので、近くにあった一軒家に宿る。すると夜中にガヤガヤ声がするので覗いて見ると、泥棒達が盗んだものを分配している。そこで相談し合って、馬の上へ犬が、犬の上へ猫が、猫の上へ鶏がのって、1、2、3と声を合わせて、

ヒン、ワン、ニャン、コケコーロ
と鳴いたので、泥棒はびっくりして逃げてしまった。彼等は金や宝を持ち帰って、また一緒に幸せに暮した。
（今村勝臣採録『日本昔話記録6岡山県御津郡昔話集』1943、三省堂、1974、163-64)

比較と考察

　この話が伝えるところは、個性の尊重と適材を適所に配することの意味である。まず、ここに登場する数種の動物の鳴き声は各様であり、ひとつひとつを聞けば何の変哲もない。それぞれを録音し実験したわけではないが、この数種が同時に発せられたらどのように聞こえるか、いやがうえにも想像がふくらむ。リーダーは、自分の声に合わせるでも、特殊な声を指示するでもなく、それぞれに持ち味を発揮させているのである。同種の声でないところが重要なのだ。過年宮城県仙台市が地震に見舞われたとき、近代的なブロック塀が軒並み倒壊した中で、四百年前に築かれた城の石垣だけは微動だにしなかった。画一化されたものの脆さと、形は不ぞろいで大きさもまちまちでも、しっかりとまとまっていればいかに強固であるかを物語るエピソードである。これは、人間社会の各種組織や共同作業にもあてはまる。個性の尊重とか画一化廃止は、掛け声だけではどうにもならない。
　同じようなことが、後半の泥棒の手下を撃退する場面にもあてはまる。ネコは引っかき、イヌは噛みつき、ロバ（ヒツジ、ウマ）は後脚で蹴り、オンドリはトキの声をあげる。各種の動物は、それぞれの持ち味を発揮するのである。しかも、彼らは無理なく、自分の特性に従って、それぞれの持ち場についている。これが、最大の効果を生むのである。さらに、これらの動物は、いずれも役立たずの

らく印を押され、お払い箱寸前の状態なのだ。動物を用いながら、これほど人間に勇気を与える話も珍しい。

（アーサー・ラッカム画）

第4章　魔法説話

　数量的にも内容的にも民間説話の中心をなすカテゴリーである。いわゆるメルヘンであり、アールネとトムソンも900近い話型番号を与えている。他のふたつのカテゴリー、即ち、動物説話や笑話に比べ、構成は圧倒的に複雑でストーリー性に富む。その中から代表的な話型をいくつか取り上げて国際比較を行う。

1　「シンデレラ」および「灯心草頭巾」
(AT 510 *Cinderella* and *Cap o' Rushes*)

　だれの目にも、世界でもっとも代表的な国際話型といえば、まず「シンデレラ」であろう。アールネとトムソンの分類によれば、アイルランドの293話を筆頭に、フィンランド141話、スウェーデン92話、デンマーク68話、フランス62話、と続く。しかも、実数はこれをはるかに上回る。前世紀末、すでにイギリスのM. コックス (Marian Cox) は、大著『シンデレラ研究』(*Cinderella*, 1892) の中で345の類話 (versions) に触れ、スウェーデンのA. ロート (Anna Rooth) もその学位論文『シンデレラ・サイクル』(*The Cinderella Cycle*, 1951) において718に及ぶ類話に言及しているのである。しかも上の数字は半世紀近くも前の、欧米中心のものであるから、現在では全世界でどれくらいになるか想像もつかない。なぜなら、日本の、越後という一地方の、たったひとりの採集者による調査だけで、100話くらい優に集まり（水沢謙一『越後のシンデレラ』野島出版）、中国や韓国でもけたはずれの類話が報告されているの

だから。

話型構成

本話型の構成は次のとおりである。

I　迫害されるヒロイン（The Persecuted Heroine）
II　呪的援助（Magic Help）
III　王子との出会い（Meeting the Prince）
IV　本人である証拠（Proof of Identity）
V　王子との結婚（Marriage with the Prince）
VI　塩の価値（Value of Salt）

　民間説話に見られる「いじめ」は、その動機、対象、理由、内容等、まさに千差万別そして無尽蔵である。したがって、「迫害されるヒロイン」という第一の構成要素はこの話型に限ったことではない。この点については、あとで「呪的逃走」の項で詳しく述べる予定なので、ここでは、ヒロインのシンデレラがいじめられるのは、彼女が美しく勤勉で気だてがよくさらに忍耐強いがゆえである、ということだけを指摘しておく。残念なことではあるが、これも人間の性のひとつであり、古今東西絶えることも途切れることもなく続いてきたことで、現在もわれわれの身のまわりに無限に見られる現象である。
　次の構成要素「呪的援助」も同じく他の多くの話型にも見られるモチーフである。人知・人力ではどうにもならない困難におちいったとき、このような援助が得られないかという、人類古来の願望が具象化したものである。さらに、「王子と出会い」「王子と結婚する」話にいたっては、それこそ枚挙にいとまがない。最後の「塩の

価値」は、イギリスの「灯心草頭巾」など、ごく限られた類話のみに見られるモチーフなので、本話型の主流からはずれることは明白である。その結果、核として残るのは、Ⅳ の「本人である証拠」、即ち、本物発見の決め手にほかならない。以下の資料のなかで、この決め手となる小道具の比較も含めて、読み比べてみよう。

〈資料14〉葉限（中国唐代、西暦9世紀）

　南方には、こういう伝説がある。
　秦・漢の前に、呉氏という洞主がいた。土地の人は、呉洞と呼んだ。呉氏は、妻を二人娶ったが、一人の妻は死んで、あとに葉限という名の娘がのこされた。娘は、幼いときから賢く、金をさがすのが上手で、父はたいへん可愛がっていた。
　ところが、歳末、父が亡くなり、継母のためにいじめられた。つねに、けわしい山へ薪をとりに行かされ、深い川へ水汲みにやらされていた。
　あるとき、娘は、一尾の魚をとった。二寸あまりで、赤い鰭、金の目である。そのまま、内密に盆のなかで飼っていた。日一日と、成長して、器をいくつかとりかえたが、容れられないほど大きくなったので、裏手の池の中に放した。娘は、自分がもらった食物のあまりをいつも池に沈めて魚に食べさせた。娘が、池に行くと、魚は、かならず、頭をあらわして、岸にのせた。だが、別の人が行くと、姿を見せなかった。
　継母は、これを知って、つねに様子をうかがったが、魚は一度もあらわれなかった。そこで、娘をだまして、
「お前は、つかれてはおらぬかえ。お前のために着物を新しくこしらえてあげよう」
　そこで、娘のやぶれた着物をかえさせてから、ほかの泉に水汲みにやった。数百里はあったろう。継母は、おもむろに娘の着物を着、鋭い刀を袖にかくして、池へ行って魚を呼んだ。魚は、すぐ、頭を出した。そこで、魚を斫り殺した。魚はもう一丈あまりの大きさになって

いて、その肉を食事に出したところ、ふつうの魚よりはるかに美味であった。その骨は、糞棲(うっせい)の下にかくした。

何日かたって、娘が池にきたが、もう魚が見えなかった。そこで、野原で声をあげて泣き悲しんだ。

すると、思いがけなく、髪をざんばらにして、粗衣をまとった人が、天から降りてきた。その人は、娘を慰めた。

「もう泣くのはおやめ。お前の母が、あの魚を殺したのだ。骨は、糞(ふん)の下にある。帰って、魚の骨を取って、部屋にしまっておきなさい。欲しい物があったら、その骨に祈るといいよ。お前の望みどおりになる」

娘は、そう言われたとおりにした。

金も宝玉も、衣裳も食物も、欲しい物がちゃんと出てくるのであった。

洞の節句になって、継母はそこへ出かけ、娘に、庭の果物の番をいいつけた。娘は、母が遠くまで行ったころを見すまして、自分も出かけた。翡翠(ひすい)の羽で紡いだ上着を着、金の履(くつ)をはいた姿であった。

継母の実の娘が、その姿をみとめて、母にささやいた。

「あの人、姉さんにほんとに似ているわ」

継母も疑わしく思った。

娘は気がついて、あわててひきかえしたが、そのまま、履を片方おとしてしまった。洞の人が、それを拾った。

母は、帰ってみると、娘が庭の樹を抱いて眠っていたから、そのことを気にとめなかった。

その洞の隣に海島があった。島に、陀汗(だかん)という名の国があった。兵が強く、数十の島と、水域数千里を支配していた。洞の人は、その履を陀汗国で売った。国主がそれを入手して、側近に命じて履(は)かせてみた。足の小さい者だと、履は一寸ちいさくなった。そこで国中の婦人に履かせてみた。とうとう、一人も履のあう人がいなかった。それは毛のように軽く、石をふんでも音がしなかった。陀汗王は、その洞の男は、けしからぬ手段で手に入れたと思い、禁錮して拷問(ごう)したが、ついに、その由来はわからなかった。そこで、この履(くつ)を路傍に棄(す)てて、

すぐさま、各戸をあまねくまわって捕えさせた。もし、履ける女がいたなら、それを捕えて報告させた。

陀汗王は、怪しく思ったので、その家を捜査させて、葉限を発見した。履かせてみると本人であった。

葉限は、そこで、翡翠の羽を紡いだ上衣を着て、履をはいて、王の御前に進み出た。天女のような美貌であった。はじめて、王に事の委曲を申しあげた。

王は、魚の骨と葉限とをみな車に乗せて国に帰還した。その継母と実の娘とは、すぐさま、石打ちの刑で打ち殺された。洞の人々はこれを哀れみ、石坑に遺骸を埋めて、「懊女塚」と命名した。洞の人々は、この塚で祭祀をおこない、女の子が欲しいと祈願すれば、かならず、霊験があった。

陀汗王は、国に着いてから、葉限を上婦とした。それから一年、王は、欲にかられて魚の骨に祈り、宝玉が限りなく出たが、翌年はもう、ききめがなかった。王は、そこで海岸に魚の骨を葬り、真珠百斛をつかってこれをかくし、金を辺にした。その後、徴集した兵卒が反乱したとき、墓をひらいて軍に支給しようとした。だが、ある夜、海潮のため沈んでしまった。

これが、わたしの家でかつて使っていた李士元の話である。李士元は、もと邑州の洞中の人である。南方の怪異の話をたくさん覚えている。（段成式、今村与志雄訳注『酉陽雑俎』4、平凡社、1981、37-39）

〈資料15〉 金の鞋（中国ウィグル地区）

昔むかし、母親とふたりの娘が共に暮らしていました。大きい方の娘はアジェルといい、前の母親の子どもでした。小さい方の娘はパティマンといい、母親の実の子でした。

アジェルは、身も心もきれいで、その上、働きものでしたから、みんなから好かれていました。パティマンは反対に身も心もみにくく、怠けものでしたから、みんなから嫌われていました。ところが、この母親だけは、パティマンの方を可愛がり、アジェルを憎んでいました

から、食べ物も十分与えないし、服が破れても直してやりませんでした。その上、家の仕事はすべてこの継娘の方に押しつけていました。
　アジェルは毎朝早く起きて、炊事、洗濯、掃除はもちろん、家畜の世話やら糸紡ぎを夜遅くまでさせられました。それでも母親は満足しません。ある日、このように言いつけました。
　「ぼさっと牛の群れを追いまわしているだけでなく、糸も一緒に紡ぐんだよ」
　アジェルは、糸車を手に持ち、山のような綿を肩にかついで、牧場に出て行きました。そして、牛の番をしながら、さあこれから糸を紡ごうとしたときです。突然、強い風が吹いてきて、綿がみんな空に舞いあがりました。アジェルは泣きながら、綿を追いかけます。
　「風にいさん、風にいさん、綿を返してくださいな」
　しかし、綿はどんどん空を飛んで、とうとう山まで来てしまいました。そして、とある洞窟の中に吸いこまれるように入ってしまったのです。アジェルが、そのあとについて洞窟に入ってみますと、中は広い庭になっていて、色とりどりの花が咲いています。庭の真ん中に小さな家がありましたので、アジェルは戸口まで行ってみました。
　家の中にはひとりのおばあさんが座っていて、やさしくアジェルに声をかけました。
　「どうかしたのかい、お嬢ちゃん」
　「風にいさんが、私の綿をこちらに運んで来たのです。あれがないと、私はひどく叱られます」
　「そんなことなら、心配しなくてもいいよ。あとで返してあげるから、その前にそこにある材料でおいしいスープめんを作っておくれ」
　アジェルはねり粉を使って細いめんをたくさん作り、スープにおいしく味をつけました。ふたりでスープめんを食べおえると、おばあさんが言いました。
　「頭がかゆいから、櫛でといておくれ」
　アジェルがやさしくといてあげると、おばあさんはとてもよろこんで言いました。
　「お嬢ちゃんの綿はその戸棚の中にあるよ。ほかにもほしいものが

あったらもってお帰り」
　アジェルが戸棚をのぞいてみますと、綿のほかに、きれいな金銀の食器がいっぱい入っています。しかし、アジェルは自分の綿だけを持って帰ろうとしました。すると、おばあさんが、アジェルを呼びとめて言いました。
　「ここにある私の髪の毛をもってお行き。何か困ったことがあったら、これを焼けばいいよ」
　アジェルが洞窟の外に出ると、突然、肩にかついでいた綿が美しい糸に変りました。アジェルは、大よろこびで家に帰って行きました。継母は、アジェルがひときわ美しくなって、山のような糸をかついで帰って来たのを見て目を丸くしました。そして、根掘り葉掘り、その日の出来事を聞き出したことはいうまでもありません。
　次の日、夜が明けると同時に、継母は実の娘であるパティマンをたたき起こして言いました。
　「さあ、早く糸車と綿を持って牧場に行くんだ。風が吹いて来て、綿を山の洞窟に運んだら、それについて行き、帰るときには、このトンマなアジェルが置いて来た金銀の食器をみんな持って来るんだよ」
　前の日にアジェルに起こったのとそっくり同じことがパティマンにも起こりました。ただ、ところどころ、パティマンはアジェルと違ったことをしました。まず、おばあさんがおいしいスープめんを作ってくれと言ったとき、パティマンは細いめんを作れませんでしたから、太い太い、腕のようなめんを一本だけ作りました。次におばあさんが頭がかゆいから櫛でといてくれと言ったとき、パティマンは、
　「まっぴらよ。そんなきたない頭にさわるなんて」
と答えました。
　最後におばあさんが戸棚にあるものを持ってお行き、と言ったとき、パティマンは母親の言いつけ通り、自分の綿には見向きもしないで、金銀の食器をすっかり集めて、洞窟の外に出ました。ところが、パティマンが家に帰ったとき、金銀の食器は、ひとつ残らずただの小石に変っていました。
　そのうち、お祭りの日がやってきました。村じゅうの人はみな着飾っ

て出かけます。ところが、アジェルは行かせてもらえません。山のような仕事を命じられてしまったのです。継母とパティマンが出かけたあと、アジェルは泣きだしました。自分もお祭りに行きたかったのです。このときアジェルは、おばあさんにもらった髪の毛を思い出しました。アジェルが髪の毛を焼くと、おばあさんが姿を現しました。
「何か困ったことがあったのかい」
　アジェルがわけを話しますと、おばあさんは、アジェルを、見事なドレスで着飾らせ、足には、宝石を散りばめたぴかぴかの金の靴をはかせてくれました。
「さあ、これでお祭りに行き、思う存分楽しんでおいで。家の仕事はみんな私がしておいてあげるから、心配しなくていいよ」
　アジェルがお祭りの場に現れますと、みんなその美しさに目を見張りました。とてもこの村の娘には見えません。どこかの国のお姫様としか思えなかったのです。アジェルだと気づく者はひとりもいませんでした。そのうち日が暮れて、アジェルは家に帰るため、そっとその場を抜け出しました。ところが、お祭りにはその国の王子様が来ており、アジェルがどの家の娘かを確かめるよう、従者に言いつけていました。アジェルは帰り道を急ぐあまり、小川をとび越えようとして、金の靴の片方を落してしまいました。従者は、アジェルを見失いましたが、金の靴を王子様のところに持ち帰りました。
　王子様は従者が持ち帰った靴を手に取ると、それを胸にいだき、そのまま気が遠くなる思いをしました。金でできたその靴はとても小さく、きれいな宝石がいっぱい散りばめられていましたが、何よりもその形がとてもすばらしかったからです。
「ああ、何としたことだ。私はこの靴の持ち主にすっかり恋してしまった。さあ、早く、父王様に伝えてくれ。私の花嫁となり、やがてこの国の王妃になるのは、この靴をはいていた娘よりほかにはないことを」
　さっそく、国じゅうにお触れが出されました。これから、金の靴が足に合う娘をさがすというわけです。そのため、若い娘はみなこの靴をはいてみることになりました。しかし、靴は誰の足にも合いません。

ときおり、つま先だけはぴったり入る娘がいても、かかとの方が出たままです。また、かかとがうまく入っても、つま先が入りません。

　アジェルの家にも王子様の従者がやって来ました。継母はアジェルを庭の穴に入れ、上からふたをしてしまいました。そしてパティマンを着飾らせ、何とかして鞋をはかせようとしました。そのために、足の肉を切り落としたりまでしましたが、どうしてもはくことが出来ません。従者たちが立ち去ろうとしたとき、小鳥が飛んで来て次のようにうたいました。

　　きれいな娘は穴の中
　　きれいな娘は穴の中

　従者たちが、何のことだろうと思って立ちどまっていますと、小犬が庭の中に入って来て、

　　ここだよ、ワンワン
　　ここだよ、ワンワン

と吠えたてます。
　とうとう、従者たちは、庭の穴から、泥だらけになったアジェルを引きあげました。これはいったい誰なのかと尋ねられると、継母は、うちの下女は、怠け者だから、このように折かんしていたところです、と答えました。さらに、この娘は馬鹿の大足だから、そんな鞋がはけるわけがございません、とまでつけ加えました。それでも従者たちは、すべての娘に試してみるよう、厳しく命令されていましたから、アジェルの足にも金の鞋をはかせました。鞋は、寸分のちがいもなくアジェルの足に合いました。そのあとで、手足の泥を落とし、顔を洗って、きれいな着物をまとわせますと、目の覚めるような美しい姫君に変身したのです。従者たちは大よろこびで、アジェルを王子様のもとに連れ帰り、やがて盛大な婚礼の宴のあと、ふたりはめでたく結婚しました。

王子様とアジェルはしばらくとても楽しく幸せに暮らしていました。ところがある日、アジェルの実家から便りがあり、結婚のお祝いをしたいから早くお里帰りをしておいでというのです。アジェルは、心のやさしい娘でしたから、継母やパティマンと仲直りできればと思い、実家に帰って行きました。
　継母と継妹は、とても親切そうにアジェルを迎え、王子様との結婚を心から祝っていると言いましたから、アジェルもうれしく思いました。しかし、継母と継妹は、じつはとんでもないことを計画していたのです。というのは、アジェルを油断させておいて熱湯を頭から浴びせ、気を失ったところで着物をはぎとり、庭の穴に埋めてしまったのです。そして、パティマンがその着物を着てアジェルになりすまし、何くわぬ顔で王子様のもとに帰って行きました。王子様は、花嫁の余りの変わりように面くらいましたが、パティマンは何だかだと言いのがれをして、とうとうお妃におさまってしまいました。
　一方、庭の穴に閉じこめられたアジェルは一羽の鳩に姿を変え、王宮の庭に飛んで行きました。そしてそこにいた庭師にあわれっぽく話しかけました。

　　王子様のごきげんはいかが
　　王子様のごきげんはいかが

ところが、にせのお妃がこの鳩に気づき、王子様に訴えました。
　「庭に来る鳩を食べないと、私は病気で死んでしまいます」
　王子様は料理番に鳩を料理するように命じました。料理番は言いつけ通りにし、鳩の羽と骨を庭に埋めました。するとそこから美しいバラが生えてきて、王子様をとてもよろこばせました。にせのお妃はそれを抜き取り、足でふみつけました。すると別の木が生えてきて、みるみる大木になり、涼しい木陰を作りました。王子様はその木陰がとても気に入り、暇さえあれば、そこに出かけます。これを見たにせのお妃が言いました。
　「あの木を切り倒して、子どものゆりかごを作らせてください。で

ないと、私は病気になって死んでしまいます」
　王子様は仕方なく、にせのお妃の望みをかなえました。にせのお妃は、ゆりかごを作ったあとの木片を残らず焼きすてさせました。ところが、焼け残った小さな木片がみるみる大きくなり、やがてひとりの女のひとになったのです。それは、まぎれもなく、真のお妃であるアジェルの姿でした。
　王子様は大よろこびでアジェルを抱きしめようとしました。すると突然、アジェルの両の目から大粒の涙がこぼれ出し、それがみるみる大河となってパティマンを呑みこんでいきました。

〈資料16〉コンジ・パッジ（朝鮮）

　むかし、あるところにとても仲がよい夫婦が住んでいた。財産も多いし、情深い人で、ほかに欲しがるものとて何一つなかった。しかし、子供がいないのでいつも淋しい生活を送っていた。
　ある日、坊さんが通りかかって布施を求めて来たので、奥さんは大きなパカジ（南瓜のこと）にお米を一杯入れてあげた。すると、坊さんは、
「なにか願いごとでもありましたら……」と言われたので、奥さんは、
「はい、私は何一つ欲しいものはありませんが、ただ一つ、子供がいないのが残念でございます」と答えた。坊さんは、両手で合掌をしながら、
「それでしたら、仏さまに百日祈祷を捧げてごらんなさい。もしかしたら、あなたの望みがかなうかもしれません」と言い残したまま去って行った。奥さんはさっそく百日祈祷を始めた。祈祷が終わる日の晩、奥さんは夢を見た。夜の広い天に数多くある星の中で、最も輝く一つの星が素早く降りて来て奥さんに抱かれた。それから、奥さんは子供をはらんだ。月が満ち、きれいな女の子が産まれたのでコンジ（豆福）と名付けた。
　コンジは大きくなるほど、きれいになって行ったが、不幸にもコンジがまだ少女に達する前に母は亡くなった。それから何年かたって、

父はコンジの面倒を見てくれる人が欲しいと思い、後妻を貰うことにした。やがて継母はコンジより年下の娘を連れてやって来た。父は継母がつれてきた娘にパッジ（小豆福）と名付けた。
　コンジは妹であるパッジをとても可愛いがった。けれども、パッジは意地悪い子であった。ある日パッジは、コンジのボソン（韓国特有の足袋）をみつけ、それを自分のものだと嘘をついてはこうとしたが、足が大きくてはいらなかった。コンジはやさしい言葉で、
「パッジよ、それはわたしのボソンだよ。小さいボソンだからあんたには合わないよ」と言うと、パッジは怒った顔をして、
「今何と言ったの。わたしの足がみにくいといったわね」と言いながらすぐに継母のところにゆき、
「コンジがね、わたしの足は母さんの足にそっくりでパルレパン（洗濯物をこする板）のようだと言ったわよ」と嘘を告げた。継母もパッジ以上に意地悪で欲ばりだったので、いつもパッジだけ可愛いがってコンジを虐待していた。父が家にいる間は、継母はコンジを可愛いがるふりをするが、父の留守中には、あらゆる文句をつけてコンジをいじめたりした。しかし、コンジは父が自分を愛しているということを知っていたので、継母の虐待にあってもがまんしていた。
　ところが、コンジが一人前の少女になったある日、父は突然病気になってこの世を去った。それから継母の虐待は、口に言えないほど激しくなった。しかしコンジは、涙をこぼしながら毎日毎日がまんしていた。
　ある日、継母はコンジには麦飯に味噌をつけた粗末な弁当をもたせ、先が木で出来たホミ（草取りや苗の移植をしたりする時に使う農具の一種）を与えて、石まじりの畑へ出した。自分の子のパッジには、白米の御飯に肉料理のごちそうを入れた弁当をつくってやり、耕しやすい砂畑に行かせた。コンジは木の枝の上に弁当を置いて、一生懸命に小石畑を耕やそうと頑張ったけれども、木でつくったホミではどうしようもない。仕事は少しも進まなかった。そのうえ困ったことに、カラスが大事な弁当を食べてしまった。コンジが悲しくなって泣いていると、どうしたわけか天から牝牛が降りて来て、たくさんの食物を恵んでく

れたばかりか、小石畑を整然と耕やしてくれた。大いに喜んだコンジは、余った食物を一杯抱えて家にもどってきた。
　あくる日、パッジは木のホミを持って小石畑へ出かけた。それは、おいしい果物や食物を一杯貰ってくるつもりで、コンジに聞いたとおりに真似をしたのである。パッジが泣くふりをしていると、やはり牝牛が現われ泣いているわけを聞いた。パッジは、
「弁当をカラスが食べちゃったのでお腹がペコペコなの」と嘘をついた。すると、牝牛は同情したような声で、
「すぐに小川に行き、下の方で手足を洗い、中の方でからだを洗い、それから上の方で髪の毛を洗ってからもどり、わたしのお尻に手を入れてごらんなさい」と前にコンジにも教えた通りに教えてやった。パッジは川からもどると、すぐ牝牛のお尻に両手を入れた。おいしそうな食物がたくさん手に触れたので、大変欲の深いパッジは、両手に一杯握ったまま出そうとしたが、手を取り出すことが出来なかった。ちょうどこのとき、牝牛は空中に飛び上がった。パッジは、牝牛のお尻に両手を差し込んだまま牝牛について空中を飛んだ。悲鳴を上げながら助けを求めたがどうしようもなかった。ひどい目に会わされたパッジは、両手に握った食物を離した。すると両手が抜けて地面に落ちた。
　夕方になって、門の外で待っていた継母は、遠くの方から怪我をして血だらけのパッジの姿が現われると、果物やら食物を一杯貰ってきたのだと思い込んで、たいそう喜んでいたが、パッジが近よるとびっくりして、またもコンジのせいにし、コンジをいじめた。
　ある日、隣り村の親戚の家で、盛大な祝宴が催された。継母は、自分の子のパッジだけを連れて行こうとしたが、コンジは自分も連れて行ってくれと頼んだ。だが、継母は連れていくについては、これこれの仕事をしなければならないと、難題を持ち出した。まず麻五斤とからむし五斤を出して、
「まずこれをみんな織り上げること。次に九間部屋（両班の大きな屋敷）の掃除をみんな済まして、各部屋の焚き口にある灰を取り除き、火を焚きつけること。そして、底に穴のあいている壺に水を一杯入れ、さらに、庭に広げておいた稲の籾五石をみんな搗いてから、夕飯をこし

らえたら、来てもよろしい」と言いつけた。それから継母はパッジを連れて宴会に行った。

コンジはさっそく仕事にとりかかったが、どれもこれもきつい仕事なので、疲れきったあげく、がっかりしてシクシク泣き出した。ところが不思議なことに、どこからか雀がたくさん飛んできて、庭の稲の籾をくちばしでついばみついばみしているうちに、臼で搗いたように真白にしてくれた。次には蛙が現われ、「壺の底の穴を塞いであげるから水を入れなさい」といった。コンジはなにもかも言われたとおりにすると、いつのまにか仕事が全部かたづいた。しかし、祝宴に行こうとすると着がえがなかった。コンジはまたも気を落として泣き始めた。するとこんどは天から牝牛が降りて来て素晴らしい着物と花靴を恵んでくれた。コンジは自分の願いがかない、心うきうきと祝宴の席へ出かけた。

祝宴に集まった客は、この美しいコンジを見てたいそうほめてくれた。しかし、心穏やかでないのは継母とパッジであった。二人は嫉妬のあまり、コンジを追い出して叩こうとした。驚いたコンジは夢中で逃げ出した。あまりあわてたので、逃げる途中、花靴の片方が脱げてしまった。ちょうどこのときカムサ（監司）が通りかかってこの花靴を拾いあげ、持主を訪ね回った。たまたま人がおおぜい集まっている祝宴の席に入り、花靴の持主を尋ねた。パッジはカムサに認めて貰おうと思い、偽って自分のものだと言い張った。けれども、カムサの前に出て足を合わせてみると、うまく合わないので嘘であることがばれてしまった。カムサの家来たちはパッジを叩き罰を与えた。継母はそれでも諦めきれず、今度は自ら包丁で足の横がわを切りそいで、無理やりはいてカムサの前に立った。けれども、やはりばれてしまい叩かれた。

カムサは家来を遣わして村々を調べさせ、やがて正真正銘のコンジを見つけた。連れて来て靴をはかせてみたところ、ピッタリ合った。そこでカムサはコンジを妻にめとることに決めた。

（崖仁鶴編著『朝鮮昔話百選』日本放送出版協会、1974、173-78）

〈資料17〉エシー・パトル（スコットランド、要約）

　昔むかし、この島にとても気だてのよい女の子が、やさしい両親と楽しく暮らしていました。ところが、ある日とつぜん、お母さんが重い病気にかかり、介抱のかいもなく亡くなってしまいました。残された女の子とお父さんの悲しみはいかばかりだったでしょう。お父さんは、毎日泣いている娘を見るにしのびず、ついに新しいお母さんをもらってやろうと決心しました。
　新しいお母さんにも同じ年ごろの娘がいて、はじめのうちはみんな平和に暮らしていましたが、やがてお父さんが長い漁に出ると、急にようすが変わりました。新しいお母さんとその娘が、手の平をかえしたように、いじわるをはじめたのです。自分たちだけごちそうを食べ、女の子にはまずい残りものしか与えません。自分たちはきれいな服を着て遊びまわり、女の子には薄いぼろ切れしかまとわせませんでした。女の子はしかたなく、だんろの灰の中に座って寒さをしのぎました。灰にまみれた女の子は、エシー・パトル（「エシー」は英語のAshy＜灰まみれの＞がなまったもの）といってあざけられました。
　そんなある日、王さまの一行がこの村に来られるというお触れが回されました。王子さまのお妃さがしがお目あてなのだそうです。さあ、新しいお母さんとその娘は大よろこびで新調のドレスで着かざり、お迎えのため村の広場に出かけて行きました。エシー・パトルがひとり家で泣いていますと、一羽のカラスが窓の外に飛んで来て、「青い羊のところにお行き」と教えました。家の外に出てみると、青い羊が待っていて、「こちら、こちら」と案内してくれます。野原を横切って、大きな岩のうしろにまわると、そこにはだれも見たこともないような美しいドレスがありました。エシー・パトルは、それを着て大急ぎで広場にかけつけます。王子さまはもとより、いあわせた人たちはみな、その美しさに目を見張りました。
　王さまは一足の小さな金の靴を示し、この靴に足の合う娘が、王子さまのお妃になれるのだ、と言いました。村じゅうの娘がためしますが、みんな足が大きすぎてはけません。新しいお母さんの娘などは、

おので足指を切ってまではこうとしますが、すぐににせものとばれてしまいます。やがてエシー・パトルの番となり、靴はぴたりとその足にはまりました。エシー・パトルはめでたく王子さまのお妃となって城にあがり、カラスと青い羊ともども、いつまでもしあわせに暮らしたということです。

〈資料18〉灰かぶりネコ（バジーレ、イタリア）

　さて、そのむかしナポリにある大公殿下がおられまして、このお方は男やもめでしたが、一人娘に目がなくてなんでも嬢様の言いなり放題でした。嬢様のために有能な針仕事の先生をお雇いなすったが、この先生は鎖編み、透かし編み、房飾り、へり飾りといろいろ教えてくれて嬢様に口で言われんほどの愛情をそそぎました。そこへ大公が再婚なされ、この奥方がいじわるで怒りんぼうの悪い女でして、たちまちまま子いじめをはじめ、ふきげんなしかめっ面でにらみつけるものですから、嬢様は怖くておびえきっておりました。

　かわいそうなこのお子は暇さえあれば先生にまま母のひどい仕打ちを訴えて、「ああ、先生、親切なやさしい先生があたくしのお母様だったらいいのに」とうるさく繰り返したのです。先生のほうもこんな不平不満が耳について、しまいに魔がさしてしまって、「そんなにお母さんになってほしいとお言いなら、よろしい、お母さんになってあげましょう。目の中に入れても痛くないほどかわいがってあげましょう」ともちかけました。するとゼゾッラという名前のこのお子は、「先走ってごめんなさい、でも先生があたくしのことをかわいがってくださるのは分かっています。先生こそほんとのお母様だもの。そうなの、だから、どうしたらよいのか分からないから教えて。教えてくださったらそのとおりしますから」と言ったのです。

　先生は、それじゃあ、と次のように言いました。「ようく聞くのよ、しっかり聞くひとにはよいことがあるのだからね。お父様がお留守の時にお母さんにね、今着ている服を汚したくないからお倉の大きな衣装箱にしまってある古い服を出してくださいって頼むのです。あのひ

とはあなたがぼろんこの服でいるのが好きだからね、衣装箱を開けにいって、ふたを持ってなさい、と言うでしょう。箱の中をかきまわしてる間ふたを支えていて、急に手をはなして首を折ってやりなさい。そのあとのことは、お父様はあなたのためなら贋金だって作りかねないのだから、お父様に甘えて、先生をお母様にして、と頼みなさい。そうしたらあなたは幸せになるし、先生もあなたの思うままですよ」

　この企てを聞いてからというもの、ゼゾッラは一日千秋の思いで過ごしましたが、とうとう先生の指示どおり寸分たがわずに事を運んでのけたのでした。そしてまま母の喪も明けたところで、先生と結婚しない？　と父にさぐりを入れはじめました。大公ははじめのうちは冗談と思い聞き流していたのですが、ゼゾッラは押しの一手でせめまくり、ついにとどめを刺されて父親は娘の説得に屈したのでありました。そして盛大な祝宴を張って、お針の先生のカルモジーナを大公妃にお迎えなさったのでございました。

　さて、新婚のご夫婦が奥で睦みあっている間、ゼゾッラがバルコニーにたたずんでおりますと、壁のところに鳩が飛んできて、「何か願いごとがあったら、サルディーニァ島の妖精鳩にそう言伝ててごらん。願いがかないます」と言うのでした。

　5日か6日の間、新しいまま母はゼゾッラを下にも置かないありさまで、上座に座らせて一番のごちそうを食べさせ、一番いい服を着せました。でもそれからすぐにゼゾッラにしてもらったことなどきれいさっぱり忘れたように、この腹黒い女はこれまでひた隠しに隠していた自分の6人の娘を連れてきて、夫にうまくとりいらせたものですから、大公は嬉しくなって実の娘のほうはとんと構わなくなってしまったのです。こうして、今日は敗軍、明日乞食、と申しますように事態は悪くなる一方で、ゼゾッラはとうとう客間から台所へ、王座から炉端へ、豪奢な絹に金襴の衣装はボロ雑巾に、笏は焼き串に、というふうに落ちぶれてしまいました。こんなにも立場が変わり果てたうえに、名前までもうゼゾッラではなく、灰かぶり猫と呼ばれるほどになり下がってしまったのでした。

　ところで、たまたま大公は重大な政務のためにサルディーニァ行き

を余儀なくされまして、お発ちの前にインペーリア、コロンバ、フィオレッラ、ディアマンテ、コロンビーナ、パスカレッラという６人の義理の娘ひとりひとりに、おみやげに何を持って帰ってあげようかな、とお尋ねになりました。ひとりがすてきなドレスを、と言えば、髪飾りがいい、白粉がほしい、何か面白いゲームを、とか、それぞれに言いたてました。最後にまるでからかい半分に大公は実の娘御に「で、お前は？　お前は何がいい？」と聞くと、ゼゾッラは、「あたくしなにもいりませんが、ただ、妖精の鳩にあたくしのことを伝えて、何かいただけるようおっしゃってくださいな。これをお忘れになるとにっちもさっちもいかなくなります。自業自得という言葉をお心にお留めおきくださいね」と答えました。

　大公は出かけてサルディーニャでの仕事を片づけ、まま娘たちに頼まれた品々も買い求めましたが、ゼゾッラのことはころりと忘れておりました。いざ帆をあげて船出待ちの船に乗りこんだところが、なんとしても港から出られません。まるで大海蛇が邪魔してでもいるようなのです。船長はもう音をあげてしまい、疲れはてて寝てしまいました。すると夢枕に妖精が立ちまして、「港を出られないわけがお分かりか？　それはこの船にお乗りの大公殿がまま娘のことは忘れないのに、血を分けた実の子への約束を破ったからです」と告げました。船長は目を覚ますとすぐに夢のことを伝えました。すると大公は自分の怠慢にたいそう狼狽し、妖精の棲む洞窟をたずねて娘からよろしくと伝え、どうか何かみやげの品を、と頼んだのでした。

　するとまあ、洞窟から旗のように裳裾をなびかせながら美しい乙女が現れ、娘さんに、言伝てをありがとう、わたしにすがって元気をお出しなさい、と伝えてほしいと申しまして、金色のナツメの木とシャベルと缶に絹のハンカチをそえて渡してくれました。ナツメの木は植えるため、缶とハンカチは木の世話をするためのものです。

　こんなおみやげに大公はびっくりしましたが、妖精にいとまを告げて帰途についたのでした。ナポリに帰ると、まま娘たちにはそれぞれ約束の品々を、最後に自分の娘に妖精の贈り物を渡しました。ゼゾッラはとびあがって狂喜して、さっそくきれいな植木鉢にナツメの木を

植え、毎日水をやっては絹のハンカチで拭いてやるのでした。
　こんなに世話したかいあって４日もするとナツメの木は女の人くらいの大きさになり、木から妖精が出てきて「何が欲しいの」とききます。ゼゾッラが、時々姉妹たちに知られないように外に行きたいの、と答えますと、妖精はこのように言ってくれたのです。「では、どこかへ行きたい時はこの木のところに来て、

　　　　おお、あたしの金色のナツメの木、
　　　　金のシャベルでお前を植えてあげたわ、
　　　　金の缶でお前にお水をあげたわ、
　　　　金色のハンカチで拭いてあげたわ、
　　　　だから、お前の服をぬいであたしに着せて。

とおっしゃい。服をぬぎたい時はおしまいの文句を変えて

　　　　あたしの服をぬがせてお前が着て

と言えばよいのです」
　ある日のこと、お祭りだというのでカルモジーナの６人の娘たちは晴れ着をひらひら、リボンに鈴に腕輪に首輪、バラの花だの香水だの、花や花束でけばけばしく飾りたて白粉を塗りたくって、ぞろぞろ出かけていきました。そこでゼゾッラは木のところへとんでいって、妖精に教わった文句を唱えると、あっというまに女王様のように着飾って粋なお仕着せを着こんだ12人のお供を従えて白馬に乗っているのでした。そこでみんなが行ったところへまいりますと、姉妹たちはゼゾッラが誰だか分からずにこの愛らしい乙女の美しさによだれをたらさんばかりのありさまなのでした。
　折りしも王様がそこにおいでになり、ゼゾッラの驚くほどの愛らしさにすっかり魅せられておしまいになりました。王様は腹心の供の者にこの佳人の名前と住まいを見つけてくるようにお命じになりました。それでこの者はただちに後をつけたのですが、罠に気づいたゼゾッラ

はこういうときのためにナツメの木からもらってあった金貨をひとつかみ投げてやりました。召使いはきらきらするお金が欲しくてかあっとのぼせてしまい、夢中で金貨を拾いました。その間にゼゾッラはひとっとびで家にたどり着くと、妖精に教わったとおりにして大急ぎで着替えてしまいました。6人の強欲な姉妹どももまもなく帰ってきて、ゼゾッラをうらやましがらせていびってやろうとお祭りで見たすばらしいもののかぎりをくわしくしゃべって聞かせたのでした。
　そうこうするうち、召使いは王様のもとに戻り金貨の一件を申しあげると、王様はかんかんに怒って、はした金がほしくてわしの喜びを売りおったな、よし、今度の祭りの日には万難を排してあの愛らしいひとが何者か調べあげるのだ、あのきれいな小鳥の巣の在りかをつきとめてまいれ、とお命じになりました。
　次のお祭りの日になりますと、6人姉妹はけばけばしく飾りたてて憎いゼゾッラを炉端に残して出かけてゆきました。ゼゾッラはすぐにナツメの木のところに駆けつけて前とおなじ呪文を唱えますと、まあまあなんと幾人もの少女が列をなして現れました。鏡を持ったの、ヘチマ水の瓶を持ったの、カール用のこてを持ったの、紅、櫛、ピンにドレス、それから首飾りに耳飾りをそれぞれ持っています。そしてみんなでゼゾッラを囲んでお日様みたいに輝くばかりに仕上げてから、お仕着せの従者とお小姓つきの6頭立て馬車に乗せました。ゼゾッラはこの前とおなじところに乗りつけて、姉妹たちの心に羨望の、王様のお胸のうちには恋の炎を燃えたたせたのでありました。
　ゼゾッラが帰ろうとするとまたもや召使いが後をつけてきます。追いつかれては大変と真珠と宝石を一握り投げてやると、この忠実な男もこんないいもんを放っとけるか、とばかり拾わずにはいられません。このようにしてゼゾッラはまたまたうまく家に帰って着替えるひまもちゃんとあったのでした。召使いのほうは茫然自失、王宮に戻りますと、王様は「お前の亡父の霊にかけてだ、あの娘を見つけてこないと、お前をぶちのめし、お前のひげ一本いっぽんの数だけ尻を蹴ってやるからそう思え」と烈火のごとく怒ってどなりつけました。
　次の祭りの日、姉妹たちが出かけてからゼゾッラはまたナツメの木

のところへ行きました。また呪文を唱え、も一度豪華に着飾って、大勢のお仕着せのお供を従え金の馬車におさまった様子は、さながら名うての遊女がおまわりさんに取り囲まれているようでありました。その夜も姉妹たちの嫉妬羨望の炎をかきたてておいてから、その場を去ったのでしたが、またも追いかけてきた王様の召使いは今度は馬車に縄で身体をぐるぐる巻きに縛りつけております。そうしてどこまでもついてくるので、ゼゾッラが「走れ」と叫ぶと、馬車はむちゃくちゃに走りだしてがたがた大揺れに揺れたものですから、この世のものとも思えぬ豪華で愛らしい木履(きくつ)が片っぽぬげて落っこちてしまったのでございます。

　召使いはもう羽がはえて飛んでいるような馬車についていけないものですから、その履を拾って持って帰って王様に事の次第を申し上げました。王様は木履を手にとって思わずこうかきくどかれたのでございます。「このような土台に立つ館はさぞかし美しかろうなあ。おお、この身を焼きつくすろうそくのかれんな燭台よ。おお、わが血を煮えたぎらす愛らしき大鍋の鼎(かなえ)よ。おお、キューピッドが釣糸に仕掛けたこの美しいコルク底よ。さあ、お前をかきいだき、抱きしめてやろう。木に触れることかなわねばこの根をあがめ、柱頭に手が届かねばこの柱脚にキスしよう。かつてはかの白き足をかくまい、今悲しきこの心をとらえた木履よ。わが生命を揺さぶるかのひとはお前に乗って丈高く立ち、こうしてお前を持っているとわが情熱もまた高ぶるのだ」

　それから王様は大臣をお召しになって、ラッパと角笛を吹き鳴らし、ナポリじゅうの女という女をひとり残らず王の名において催す祭りの祝宴に招待する旨、おふれを出させたのです。その日になりますと、まあ、なんという食べ放題の大ごちそうでしたろう。あの山盛りのタルトにケーキはどこから現れたのか、はたまた一連隊そっくり分ものシチューに半月パイ、マカロニとラヴィオリはどうでしょう。女という女、あらゆる種類、あらゆるタイプの女たち、上品なのも下品なのも、金持ちも貧乏人も、老いも若きも、きりょうよしもみっともないのも、みんなみんな一堂に集まりました。思うぞんぶん顎をこき使い、たらふく食べ終わった頃、王様は乾杯なさってから客人ひとりひとり

にあの木履をはかせてごらんになったのです。うまくいけば、探し求める女が足を頼りに見つかるというわけでした。ところがぴったりの足はただのひとつとしてなく、王様はもう絶望寸前でありました。

王様はそこでみなを静まらせ、「明日は斎日だ。もう一度ここに集まってわたしとともに断食精進を勤めるのだぞ。王のために誰であろうとただ一人の女も残さずにみな来るのだぞ」とお命じになりました。そこへ大公が、「わたくしどもに娘がもう一人おりますが、何分みじめったらしいろくでなしで、いつもかまどのそばで留守番をしておりますゆえ、こちらでみな様とともにテーブルにつくこともできかねます」と申し上げますと、王様は「その者を第一番に連れてくるのだ。ぜひそうしてもらいたい」とのお言葉です。

そこで一同散会、翌日そろって参上いたしましたが、ゼゾッラもまま母カルモジーナの娘たちと一緒にやってまいりました。王様は一目でお目当ての乙女とお分かりでしたが、そこは黙っておいて、祝宴がすむとさあ履合わせです。ゼゾッラの前に置かれたとたん、木履はまるで鉄が磁石に吸いつくように、復活祭の彩色卵のように美しいゼゾッラの足に飛びついたのでございました。王様はゼゾッラを腕にお抱きになり王座へと導いて頭に冠をのせておやりになると、女王として敬うように一同にお命じになったのでありました。6人の姉妹は羨望のあまり土気色になって、心臓が破裂しそうでもうがまんできなくなってしまい、そっと家に這い戻りました。くやしくてたまらないけれども、

　　　　運命の星にさからう者は狂人なり

という教訓を母親に伝えたのでございました。
　　　　（杉山洋子他訳『ペンタメローネ』大修館書店、1995、64-70）

〈資料19〉サンドリオン、または小さなガラスの靴の物語
　　　　（ペロー、フランス、要約）

　むかし、ある紳士が高慢で粗野な後妻を得た。後妻にはふたりの連れ子がいたが、その娘たちも、性格は母親そっくりだった。紳士には前妻とのあいだにできたひとり娘がいた。この娘は母親の性格を受け継いで、比べるものもないくらいよい心根をしていた。
　婚礼がすむやいなや、継母と継姉は、本性を現わした。特に、美しく善良な前妻の娘に我慢がならなかった。そこで、家の仕事いっさいをこの娘に押しつけ、自分たちはおいしいものを食べて、怠けてばかりいた。娘は、一日の仕事が終るといつも暖炉の灰の中に座っていたので、「サンドリオン」（灰まみれ）と呼ばれていた。
　あるとき王宮で舞踏会が開かれることになり、身分の高い家庭の子女がみな招待された。継姉たちはよろこんで出かけたが、サンドリオンは行かせてもらえず、ひとりで泣いていた。すると、妖精の女が現れ、サンドリオンから事情を聞くと、魔法の杖を使って庭のカボチャを立派な馬車に、七匹のネズミを六頭の馬と一人の御者に、六匹のトカゲを六人の付き人に変え、さらに美しいドレスとガラスの靴を出してくれた。これで舞踏会に行く準備は整ったのだが、この魔法は夜中の12時には解けるので、それまでには必ず帰るようにと念を押す。
　サンドリオンが舞踏会場に着くとたちまち王子様の目にとまり、王子様は彼女以外の娘とは踊ろうとしない。それでも、サンドリオンは、時計が11時45分を打つのを聞くと、急いでその場をあとにする。二日目にもまったく同じことが起こる。しかし、三日目にはうっかりして12時を打ち始めるまで舞踏会場にとどまる。あわてて駆け出したためにガラスの靴の片方が脱げ落ちる。
　王子様は、この靴が足に合う娘としか結婚しないと言い、娘捜しが始まる。大勢が名乗りを上げ、継姉たちも試みるが、ガラスの靴はだれの足にも合わない。さいごにサンドリオンの番になり、その足に合う。サンドリオンは、王子様と結婚し、意地悪な継姉たちにも立派な相手を紹介する。

〈資料20〉灰かぶり（グリム、ドイツ、要約）

　　むかし、ある裕福な男の妻が重い病気になり、一人娘を枕辺に呼んで「敬けんで善良でありなさい」と言い残して息を引き取った。父親は、ふたりの連れ子を持った後妻を得る。継母と継姉は、この美しく善良な娘に対して侮蔑と虐待の限りを尽くす。家事いっさいを押しつけた上に、衣服も食べ物もろくに与えない。娘は仕方なく暖炉の灰の中に座っている。そのため、「灰かぶり」とあざけられている。

　　あるとき、父親が市に出かけることになり、三人の娘に何を買って来て欲しいかを尋ねる。継姉たちがきれいなドレスや宝石を望む中で、灰かぶりは、「最初に父さんの帽子に当たった木の枝」と答える。市から帰った父親は、灰かぶりにハシバミの枝を与える。灰かぶりがその枝を母親の墓にさすと、立派な木に成長し、白い小鳥が飛んでくる。小鳥は、灰かぶりのどんな望みでもかなえてくれるようになる。

　　そのうち王宮でお祭りが催されることになり、国中の美しい娘が招かれた。この中から、王子様の嫁選びをするという。継姉たちが大喜びをするのを見て灰かぶりも行きたいと言うと、継母は桶一杯の豆を暖炉の灰の中にまき、これを全部二時間以内に拾えたら、行かせてやると言う。灰かぶりは、空の小鳥を呼び集め、この難題をなしとげる。ところが、継母は桶二杯の豆をまき、これを一時間以内に拾えと言う。灰かぶりが同じ方法でこれをなしとげると、継母は、お前には着て行くものがないと言って、結局行かせてくれない。

　　ひとりになってから、灰かぶりは母親の墓へ行き、ハシバミの木に願をかける。白い鳥が飛んできて、立派なドレスと銀の飾りのついた絹の靴を落としてくれる。灰かぶりがこれらを身につけて王宮に行くと、みんな驚きの目を見張る。特に王子様は他の娘には目もくれない。しかし、灰かぶりは、王子様の手を振りきって王宮をあとにする。

　　二日目にもまったく同じことが起こる。王子様は他の娘とは踊ろうとせず、また灰かぶりをだれの手にも渡そうとしない。それでも灰かぶりはその手を振りきって帰宅し、もとのボロをまとって灰の上に座っている。三日目も、継姉たちが出かけてから、灰かぶりは母親の墓に

第4章 魔法説話 79

シンデレラ（画家不詳）

行く。小鳥は、今までよりも豪華なドレスと純金の靴を出してくれる。そして帰り際、灰かぶりは王子様が床にマツヤニを塗っていたため、靴の一方を脱ぎ落とす。

　この靴を用いて王子様の嫁捜しが始まる。継姉たちは、足の指やかかとを切って、無理やり靴をはこうとするが、小鳥が教えて、ニセモノとばれる。灰かぶりの番になったとき、純金の靴はその足にぴったりと合い、めでたく王子様と結ばれる。意地悪な継姉たちは罰を受け、小鳥に目を潰される。

〈資料21〉強い風（カナダ先住民）

　昔むかし、海の近くにとても強くて立派な戦士が住んでいました。この戦士は、自分の姿を消して敵の陣地にもぐり込み、作戦を聞いて戦うことができましたから、どんな相手と戦っても、けっして負けることはありませんでした。人びとは、姿を消すことのできるこの戦士を、「強い風」と呼んでいました。

　「強い風」はまた若い娘たちのあこがれの的でもありました。そこで、「強い風」は、夕方村に帰ったとき、自分の姿を見ることのできた最初の娘と結婚すると宣言しました。多くの娘たちが、次つぎに名乗りをあげましたが、首尾よくいったものはひとりもいません。

　村の酋長にも美しい3人の娘がいました。ところが、末の娘の美しさがとび抜けていましたから、ふたりの姉さんは面白くありません。姉さんたちはあるとき、偶然を装って、妹の顔にやけどを負わせてしまいました。しかし、末の娘は、心もとてもきれいでしたから、姉さんたちをうらむことはありませんでした。

　そのうち、この娘たちも、「強い風」のお嫁さん候補として名乗りをあげることになりました。「強い風」にはひとりの妹がいて、この妹だけがいつでも兄の姿を見ることができましたから、名乗りをあげる娘がいると、かならず付き添っていました。

　まず、上の姉さんが村の入り口で、「強い風」の帰りを待つことになりました。

「今帰ってきた兄の姿が見えますか」と、「強い風」の妹が言いました。
「ええ、見えるわ」
「兄は何でソリを引いていますか」
「木の竿(さお)でよ」
次の日、中の姉さんが、待つことになりました。
「今帰ってきた兄が見えますか」
「もちろんよ」
「兄は何でソリを引いていますか」
「皮のロープでよ」
3日目は末の娘の番になりました。姉さんたちは、妹のやけどの顔を指してあざけりましたが、「強い風」の妹はこの娘をやさしく迎えました。
「今帰ってきた兄が見えますか」
「いいえ。見えません」
とたんに、「強い風」の姿が目の前に現れました。
「今度は見えますか」
「はい。まぶしいくらいに」
「何でソリを引いていますか」
「虹で引いておられます」
「弓の弦(つる)は何でできていますか」
「弓の弦は天の川です」
このとき、娘の顔のやけど跡は消え、以前にも増して美しい姿になりました。「強い風」はこの娘と結婚し、ふたりはとても幸せにくらしたということです。ふたりの姉さんは意地悪の罰として、アスペンの木に変えられてしまいました。だから今でも風を恐れてあんなにふるえるのです。

〈資料22〉糠福と米福（日本、その1）

むかし、あるところに糠福と米福という二人の姉妹があった。糠福

はいまのお母には継子で米福は本の子だったから、母親はいつも米福にばかり、ええ（よい）着物を着せるわ、うまいものを食わせるわして、かわいがっておった。その上、何とかして、憎い糠福を家から追い出してやろうと思っていたから、ある秋の日に、

「お前ら、今日は風が吹くから、山へ栗拾いに行ってこい。この袋がいっぱいになったらば帰ってこい」

そう言って母親は糠福には底に穴のあいた袋をやり、米福にはいい袋を持たせたと。そうして、米福の耳にそっと口を寄せると、「お前はいつも姉さんの後ばっかり歩け」と言いきかせた。

そうして二人は山へ行って、糠福は先になり、米福は後になって栗拾いをしたが、糠福が、「おら、栗、拾った」と言いながら袋へ入れると、すぐに抜けて落ちてしまう。そこを米福が、「おらも栗、拾った」と袋へしまうから、糠福は、いくら拾っても袋にたまらんし、米福の袋はすぐにいっぱいになった。

「糠福、糠福、もう家へ帰ろうや」

妹が言うと姉は困った顔でことわった。

「おらのは、なぜだか少しもたまらん。このまま帰ってはお母に叱られる。お前は一足先に帰ってくれ」

「ほんじゃあ（それでは）」と、妹は姉を待たずに山を下ってしまった。

糠福は、ひとり残って山で栗を拾っていたが、やがて日が暮れて、どこが道だかわからんようにすっかり暗くなってしまった。ふと向こうを見やると、遠いあかりが、てかんてかんと見えたと。そのあかりを頼りに、とぼとぼ歩いて行ってみると、それは山ばんばの家で、あばら屋の中に髪をぼうぼう乱した山ばんばがひとりいて、糸車をビンビン回しながら糸をとっていた。糠福が、

「婆さん、暗くなって困るん。ぜひ一晩泊めておくれ」

って頼むと、山ばんばは、

「そうか。泊めてやるにはやるが、おらの家は夜になると鬼が来るから、この中にはいっていろ」

と言うと、糠福を土間にしゃがませ、「どんなことがあっても声をた

てずにひそんでいろ」と大きな八斗桶(おけ)をポンと伏せてくれた。
　夜なかごろにもなると、ズシン、ズシンと地響きをさせて、鬼が大勢やって来て、
　「ばんばあ、しゃばの人臭い。ばんばあ、しゃばのさかな臭い」
と、鼻でそこいらをフスフスかぎ回った。糠福は、おっかなくて桶の中でふるえていたが、よいあんばいに山ばんばが、
　「このばかども、何もおりはせんぞ。さあ、帰れ、帰れ」
と鬼どもを追っぱらってくれた。
　夜があけると、山ばんばは桶から糠福を出してくれた。糠福は、おかげで命拾いをして、「ありがとうごいす」と礼を言うと、山ばんばは、
　「なんのなんの。それより、おれん（おれ）の頭のしらみを取ってくれよ」
と、髪の毛のもつれきった頭をさし出した。糠福が、「しらみぐらいなんぼ（いくら）でも取ってやるぞ」と山ばんばの頭をすいてやると、髪の毛の間に蛇やむかでの子がいっぱいいた。糠福は竹を削って串をこしらえ、その蛇やむかでを突き通しちゃ殺し、突き通しちゃ殺し、みな殺してやった。山ばんばは、
　「お前のおかげで今夜ほどええ（よい）気持になったことはない。このまま死んでもええくらいだわい」とひどく喜んで、ほうびに、叩けば何でもほしいものが出るという福槌(ふくづち)を一つくれた。帰る時になると、
　「さあ、そっちの道を行けばゆんべの鬼がいるから、こっちを行け」
と道までよっく教えてくれた。途中でためしに、
　「栗よ一袋出ろ、栗よ一袋出よ」と言うて福槌を叩いてみると、すぐに栗が一袋、ごろっと出て来た。喜んだ糠福はそれを持って家に帰った。
　あくる日は村のお祭りで芝居が来ることになっていた。母親と米福は朝からいい着物を着るやらお化粧をするやら大さわぎして仕度をすると、
　「糠福、糠福、おれと米福は、ちょっくらお祭に行ってくるから、お前は家で留守番をしていろ。おいらが帰るまでに、かまどに火を燃

やしつけて、湯を沸かしておけ。飯も煮ておけ」
と言いつけて出て行った。
　糠福が家で炭まみれになって、言いつかったとおりに働いていると、神さまが回って来て声をかけられた。
　「糠福や、お前も芝居見に行きたいか。行きたきゃ行ってこい。その間におれが何でも用をたしてやるからな」
　糠福はうれしくてうれしくて、
　「はい、ありがとうごいす。そんじゃあちょっくら行ってくるから、すまんけどお頼みもうしやす」と言って神さまにあとを頼み、自分は山ばんばからもらった宝の福槌をとり出して、
　「床屋、出ろ。着物も出ろ。お駕籠も出ろ」
と言って叩くと、床屋も着物もお駕籠も、そっくり出てきた。糠福がその床屋に髪をゆってもらい、いい着物を着てこしらえると、見違えるように美しい娘になった。
　それからお駕籠に乗って芝居見物に行くと、向こうの桟敷にお母と妹が坐っているのが見えた。糠福はまんじゅうを買って食べ皮を妹にぶっつけると、妹ははっと糠福の方を見て、
　「お母、あれあそこに姉さんが来ている」
とささやいた。けれどもお母は、
　「そんなはずがない。あれはいまごろ家で炭まぶれになって働いているだろ」と気にしなかった。糠福がまた菓子を買って食べ、袋を妹にぶっつけると、妹は、「お母、姉さんがまた袋をぶっつけたぞ」と言ったが、母親は、「ばかを言うもんでない。あれはどこかのお屋敷のお嬢さんだろ」ととり合わなかった。全く糠福はきれいな娘になっていたから、芝居見物の衆はたまげてしまって、糠福の方ばかり見とれて、どこのお屋敷のお嬢さまかとうわさし合った。
　糠福はまだ芝居が終わりきらないうちに帰って来て、元どおりの穢い姿になって家の中で働いていた。そこへお母が米福を連れて帰って来て、
　「それみろ、やっぱり糠福は家にいるじゃあないか。どうだ、言いつけた仕事はみなできたか」と聞いた。神さまが何もかもやっていて

くれたから、糠福は、「はい、湯も沸いていやす。飯も煮えていやす」と返事ができた。
　そこへ隣村の長者の家から、一人息子が、「今日、芝居を見に行った娘を、ぜひ嫁にもらいたい」と尋ねて来た。長者の息子は見物衆の中にいて、糠福があんまりきれいなので目をつけて、「あれはどこの家の娘か」と若い衆にあとをつけさしておいたわけだ。お母は喜んで、「これがその娘でごいす」と、米福を、うんとしゃれかいて（おしゃれさせて）連れて来た。けれども長者の息子はかぶりを振って、
　「これは違う。いま一人の娘を出してくれ」と言った。
　「いや、あれは穢い下女で、とても長者どんの嫁になれるような女じゃあないが」と、しぶしぶ糠福を連れて来た。息子は炭だらけの娘を一目見るなり、
　「ああ、これだ、これだ。この娘をもらって行く」と言ったから、糠福は、「ちょっくら待っておくれ」と言いながら、ものかげに走りこんで福槌をとり出した。
　「床屋、出ろ。着物も出ろ。お駕籠も出ろ」
と言って叩いたらば、みんなぽんぽん出て来たので、床屋で髪をゆってもらい、いい着物を着ておつくりをすると、見かわるように美しい娘になった。母親と米福がたまげているうちに、糠福は、
　「ではお母さま、お世話になりました」と言ったきり、お駕籠に乗って、長者の息子に連れられてさっさと行ってしまった。
　さあ、これを見た母親が、くやしがったのなんの、とうとう妹娘を臼で磨りつぶしてしまったそうだ。
　それもそれっきりい。
　　（稲田浩二、稲田和子編著『日本昔話百選』三省堂、1971、173-79）

〈資料23〉皿々山（日本、その2）

　昔むかし、この村にとても気だてのよい女の子が、やさしい両親と楽しく暮らしていました。ところが、ある日とつぜん母さんが急病にかかり、亡くなってしまいました。残された女の子と父さんの悲しみ

はいかばかりだったでしょう。毎日さびしそうにしている娘を見るにしのびず、父さんは新しい母さんをもらってやろうと決心しました。

新しい母さんにも同じ年ごろの娘がいて、はじめのうちはみんな平和に暮らしていましたが、そのうちだんだんとようすが変わってきました。新しい母さんとその娘は、なまけてばかりいて、家の仕事をぜんぶ女の子に押しつけるのです。

ある冬のとても寒い日のことです。女の子が小川でひとりイモを洗っていますと、若殿さまが通りかかりました。

「これこれ、むすめ。その水はさぞつめたかろう。つらいことよのう」

女の子は、このことばに対し、向こうの山の松の木を指さしてこんな歌を詠みました。

「盆皿や、皿ちゅう山の雪降りに、雪を根にして育つ松かな」

若殿さまは「お前がいたく気にいった。嫁にもらいたいといっていたと、親ごどのに伝えてくれ」

女の子は家に帰ってこのことを新しい母さんに話しました。母さんは、自分の娘を玉のこしに乗せる絶好のチャンスだと思いました。そこで女の子をくどの中に押し込み、自分の娘にきれいな着物を着せました。若殿さまが来て、着飾った娘を見ますが、どうもこの前の娘とはちがうような気がします。あの時詠んだ歌を覚えているかとたずねても、キョトンとしています。そこで、盆と皿と松の枝と、雪の代わりに白い塩を用意させました。さあ、これを見て思い出せ、というわけです。娘は、

「盆の上に皿。皿の上に塩。塩の上に松の枝」
と言うのみです。

母さんは、これ以上かくしておけなくなって、くどの中から女の子を引っぱり出してきました。顔も手足も、すみでまっくろです。でも、あの歌が、すらすらと口をついて出てきました。

「盆皿や、皿ちゅう山の雪降りに、雪を根にして育つ松かな」

これで、女の子は若殿さまの嫁になり、ふたりはいつまでもしあわせに暮らしたということです。

本物発見の決め手―シンデレラの靴は本当にガラスか

　先の物語構成から、本話型の中核をなすモチーフが、「本人である証拠」即ち、本物発見の決め手であることは既に述べたが、同時に国際比較の中心テーマともなる。シンデレラと言えばガラスの靴、と言われるくらい通例化しているこの本物発見の決め手は、実は非常に多種多様にわたるのである。それどころか、ガラスの靴にしても、主流からは大きく外れることになる。そもそも、シンデレラの靴をガラスにしたのは、フランスのシャルル・ペロー（1697）であった。それを、アメリカのウォルト・ディズニー（1952）がアニメ映画化し、またたくまに全世界に広まった。ディズニーは、このガラスの靴まで継母の悪意で一度は壊し、ヒロインが片方をエプロンのポケットから取り出すという演出までやったものだから、ガラスという印象が否応なく多くの人の脳裏に焼き付いてしまったのである。考えてみれば、ガラスの靴とは、いかにも現実離れしている。飾り物ならいざ知らず、実用になるとはとても思えない。これを最初に指摘したのは、フランスの文豪バルザック（1835）であった。彼は、ガラスの靴というのはあまりにも不自然であるから、原作者ペローが、「リスの毛皮」（vair）と聞いたのを「ガラス」（verre）と間違えて表記したのだ、と主張した。大文豪のことばはたちまちにして定説となった。あの大百科事典『ブリタニカ』ですら、一時期その旨を記していたという（さすがに最近の版では削除しているが）。ところが、一世紀以上を経た20世紀半ばになって、この議論が再燃した。フランスを代表する「ル・モンド」紙上におけるポール・ドラリュウとドーザ氏なる学者の論争である（Alan Dundes. ed. *Cinderella: A Casebook.* New York: Wildman, 1983, 110-14）。未だに決着がついたというはなしは聞かないので、おそらく論争はなお続いていると想像する。

この問題について私見を述べるならば、ペローが意図したのは、バルザックの言うような聞き違いなどではけっしてなく、明らかに、「ガラスの靴」であった。彼が同時に発表した「赤頭巾ちゃん」「青ヒゲ」「長靴をはいたネコ」などを見るまでもなく、ペローはひとつひとつの物語に一個所強烈なスポットライトを当て、それを題名にしているのである。赤頭巾はともかく、青いヒゲなどありえないし（茶髪、紫髪ところかまわずの1990年代の日本は別として）、ましてネコが長靴をはくなど、奇想天外も甚だしい。「青ヒゲ」はイギリスで有名な「ミスター・フォックス」に、「長靴をはいたネコ」は、ヨーロッパ最古の民間説話集『ペンタメローネ』に収められた「カリューゾ」に対応する。一読して気づくことは、先に述べたペローの手法である。くだんの「シンデレラ」（サンドリオン）の副題も、「小さなガラスのポントッフル（pantoufle＝室内靴）の物語」となっているではないか。
　シンデレラの靴はガラスというのはけっして本流ではなく、この概念が広まったのは、ペローとディズニーのせいであることは先に述べたとおりである。イギリスのマリアン・コックスの大著『シンデレラ研究』（Cinderella, 1892）で扱われた345の類話のうちガラスの靴が登場するのはわずか6話にすぎないし、民間説話は「集団の無意識」（Collective Unconsciousness）から生まれたという立場をとりながら、「ガラスの靴は処女膜の象徴」というベッテルハイムなどの学説には相当の無理があると言わざるをえない。とは言っても、「靴のモチーフはセックス・テスト」との立場をとるアンナ・ロートの考えは十分首肯できる。繰り返しになるが、靴は靴でもガラスが主流ではない、ということである。

「シンデレラ」物語の起源

　本物発見の決め手に、靴が用いられるケースは世界的に見ても圧倒的に多い。靴以外では、資料にあげた北米先住民の「正直さ」、日本の「歌詠み」のほかに、「指に合う指輪」「リンゴをもぐ力」（特殊能力）などが若干見られる程度である。これは、本話型の起源と密接に関わる。世界最古の類話「葉限」は、中国唐の時代の『酉陽雑俎』（860）に現れる。そして、今日まで、チベット、ウィグル地区を含む全土に伝承され、「灰姑娘」として広く親しまれている。

　靴あわせというユニークなモチーフを考えると、かつての中国の奇習「纏足」と関わることは容易に想像できる。この風習の起源・歴史を見ると、多くの点で本話型の内容と符合する。まず、纏足とは、唐の時代に起こり、20世紀初頭まで、実に千年以上も続いた風習である。女子の足を6、7歳児の時点で固定し、それ以上成長させないようにした、きわめて非人道的なものであった。余談になるが、日清戦争後台湾が一時日本の領土となったとき、日本政府が最初に行ったことは、この風習の廃止であったという。とまれ、この風習の目的は、性的なもの以外の何ものでもない。非人道的と言ったが、女子を性の対象、極言すれば性的玩具のみと規定した習慣で、これほど徹底し、永続したものは世界にも例を見ない。

　靴が女性性器（vagina）を象徴するという考えは、心理学者、民俗学者を問わず、大勢の専門家の間で一致している。今まで述べてきたこととも、これから述べようとすることとも、ある程度辻褄が合うので、この点をあえて否定はしない。本物発見の手段に靴（スリッパ、足袋、その他の履物）が用いられるものに関する限り、足は小さくなくてはならない。グリムの類話に見られるように、当事者がかかとやつま先を切ってまで靴に足を合わせる、という場面は

じつに多く伝承されている。このことは、とりもなおさず、女性の足と性器は連動したもので、常に一致するとの俗説に基づくものである。性的な快楽へのあくなき追及という、人類の、特に唐代中国人の、一特性を表すものと言えよう。

　世界最古の文献資料が、唐代後期の9世紀に記されたことは、先に述べた「纏足」の普及・宣伝の含みが強い。纏足の風習そのものは国外にまでは出なかったが、物語の方は独り歩きをして、西はヨーロッパの端まで、東は朝鮮半島までやってきた。17世紀前半のイタリア（ナポリ、バジーレ）、後半のフランス（ペロー）、19世紀はじめのドイツ（グリム）のものは特によく知られている。この三者のうち、ペローとグリムは各種翻訳が普及しているので、梗概のみにとどめたが、バジーレのものはあえて全文を掲載した。本場の中国についてはすでに述べたが、近年ウィグル地区で採集されたものについても、日本ではまだほとんど知られていないこともあって、同じく全文を引用した。当然日本へも伝来したと考えられるが、日本海（玄界灘）を渡った途端に、大きな変化が起こっている。後の国際比較の項を参照していただきたい。

「シンデレラ」（=Cinderella）の意味

　シンダー（cinder）が「石炭の燃えがら」つまり「灰」を意味することは言うまでもない。ドイツ語の「アッセン・パッテル」は英語の「アッシー（エシー）・パトル」であり、フランス語の「サンドリオン」、イタリア語の「チェネレン・トッラ」もほぼ同義で、いずれも「灰にまみれた」の意である。「トッラ」（=ネコ）のように、意味のはっきりしているものもあるが、後半の「エッラ」「パッテル」「パトル」が、なんとなく侮蔑的な意味らしいことは分かる。どの言語でも、侮蔑的表現に、排泄物や性器が用いられる

ことは多い。アンナ・ロートはギリシア、バルカン地方の方言をもとに、これは「女性性器」を意味すると断定している（A. B. Rooth. *The Cinderella Cycle*. 110-14）。物語の内容から判断しても、十分首肯に足る見解である。ヒロインは、虐待の過程でろくに衣服を与えられず、暖をとるためもあって、暖炉の灰の上に座っているのだから、一番灰にまみれやすいところは、下半身に決まっている。一般的に用いられる「灰かぶり」という訳語からは、頭から灰をかぶっているような印象を受けるが、本来の意味は、「灰にまみれた女性性器」なのである。ついでながら、バジーレの「ネコ」も同義であり、これは多くの言語（特に隠語）に共通する。

民間説話とシェイクスピア

　先に本話型の主流からは外れると言った「灯心草の頭巾」（Cap of Rushes）についてここでひとこと言及しておきたい。他の多くのヴァージョンと決定的に異なる点は、本物発見の決め手が、靴ではなく、ヒロインの「父親が塩のようなもの」と言ったことばの意味が後に実証されることである。さらに、姉たちも継姉ではなく実の姉であり、継母は登場しない。

　物語の冒頭で、父親が三人の娘に、「自分をどれくらい愛しているか」と尋ねる。姉ふたりが「この世のだれよりも」とか「どんな富よりも」といった類いの歯の浮くような返事をしたあと、ヒロインは、「食物にとっての塩と同じ」と答える。激怒した父親はヒロインを放逐する。放浪と艱難辛苦を重ねたヒロインは、ついに良縁を得る。そして、父親を食事に招き、塩を使わぬ料理を出す。父親には、その料理がまずくて食べられない。そこに、ヒロインが登場して名乗り、塩の説明をする。父親は娘の真意を悟り、ふたりは和解する。

上の梗概を見て、シェイクスピアの戯曲『リア王』を思い出された人は多かろう。特に、冒頭の父娘のやりとりは、まったく同一である。民間説話では、ハッピーエンディングとなるのだが、シェイクスピアは、これを用いて四大悲劇の中でももっとも悲劇性の高い戯曲を創造した。しかも、その悲劇性をさらに強めるために、ケルトの悲話伝説の主人公であるリア王の名を用いているのである。シェイクスピアの作品で、架空の王が題名となった作品がもうひとつある。晩年の円熟期に書かれた『シンベリン』である。もっとも、この作品のヒロインはシンベリン王の娘イモーゼンなのだが。イモーゼンはすべての美徳を備えた最高の女性像である。それを嫉む継母に何度も殺されかかる。そこで男装したイモーゼンはウェールズに逃れ、ある洞窟に身を潜める。土地の住人たちの協力と援助で、良縁を取り戻し、父王のもとに戻る。継母は天罰を受けて果てる。知名度では、先の『リア王』に到底及ばないが、私見を許されるなら、シェイクスピアの全38戯曲中（従前は37と言われていたが、1998年になって、コンピュータ解析により『エドワード3世』が新たに認定された）、もっとも面白いのはこの『シンベリン』であり、全戯曲に登場する数百人の女性のうち、もっとも魅力があるのはこのイモーゼンである。
　これが言わずと知れた「白雪姫」（AT 709, Snow White）であることに気づかれた方も多かろう。世界史上最高と言われる文豪が、いみじくも民間説話の二大話型と言ってもよい物語を戯曲化していることは、いかにも興味深い。これ以外にも、シェイクスピアの戯曲には、「手紙の書き換え」（ハムレット）「人肉裁判」（ヴェニスの商人）など、数え切れぬほどの民間説話のモチーフが散りばめられているのである。

国際比較

　まず日本のものを中心に考察を進めたい。ここにあげた資料は、もちろん全体から見ればほんの一部に過ぎない。古くは平安時代の『落窪物語』『住吉物語』から、有名な『お伽草子』の「鉢かづき」など、文献資料も多いし、伝承では「米福粟福」と「皿々山」がふたつの大きな流れとなって、ほぼ全国に分布している。そのほとんどの類話において、本物発見の決め手になるのが、「歌詠み」であって、「靴」が用いられることはめったにない。水沢謙一編『越後のシンデレラ』に収められた100話の中で1話のみ「足袋」が登場するが、これはまったくの例外か、比較的近年になってグリムなどが紹介されだしてから伝わったものであろう。
　原因のひとつは、わが国の履物が古来、草履、草鞋、下駄などといった、足全体を包まないものであったため、足に合うかどうかのテストに適さなかったことである。しかし、これは絶対とは言えない。先程の足袋といい、ワラで作る雪靴の類いは相当古くから用いられていたのだから。朝鮮半島までは、中国の原典にならって、靴が決め手になっていたものが、日本に来た途端に姿を消すには、もっと大きな原因がある。そこで注目すべきはやはり、中心モチーフとなる「歌詠み」であろう。歌詠みは、古来日本文化の中核をなしてきた。教養全般を象徴し、特に求愛のやりとりが歌によって行われたことは、万葉の時代からの通例であった。わが国で「嫁選び」のポイントが教養に置かれた何よりの証しなのである。同時に、たいていの場合、ヒロインの勤勉、けなげさ、忍耐強さが強調されるのも、日本類話の特徴である。そして、特に近代以降、性的な表現をあからさまにしない、という風潮も強くなった。同じ儒教思想でも、本家の中国的理解、その影響を受けた韓国的理解、そして日本的理解はまさしく三様なのである。日本でも奈良・平安の頃は、性に対

してかなりおおらかであったらしいが、儒教の導入を機にそれが急速にかげをひそめる。明治以降の、「男女七歳にして席を同じゅうせず」などといったのはその最たるものである（現代の急激な変化はあるいはその反動かも知れない）。民間説話が各時代の民族性を反映する好例である。

　ユーラシア大陸では靴のモチーフが主流であるが、日本では歌詠みが主流である。いまひとつ、北米大陸の先住民にあっては、「正直さ」が決め手になる点も興味深い。ここで思い出されるのが、あの有名なジョージ・ワシントンとサクラの木のエピソードである。真新しいオノを父親からプレゼントされたジョージ少年は、その切れ味を試したくて仕方がなかった。そこで目についたのが、父親が大切にしていたサクラの幼木である。あとで彼が正直に自分が切ったと打ち明けたとき、父親は、息子を抱きしめ、「えらいぞ、ジョージ。この世で一番大切なのは『正直さ』なのだ」と、言って誉めたたえたというエピソードである。あるいは、先住民の民間説話と結びついた美談なのかも知れない。前半部分もおそらく中国唐代の原話の影響を受けない、独自のものであろう。能力にかぎらず、何事でも実際以上に見せたい、あるいは、思われたいのは人情であり、出来ないことを出来ないと言う、見えないものを見えないと言うことの難しさを実によく表している。全人類に当てはまる戒めと解釈したい。

2　呪的逃走・主人公の逃走を助ける少女
　　(AT 313　The Girl as Helper in the Hero's Flight)

　かなり複雑な構成要素を持った国際話型であり、民間説話の伝播説を唱える人にとって、自説を補強する格好の材料である。まず、

アールネとトムソンによる物語構成を見てみよう。

I 　鬼の手に落ちる（Hero Comes into Ogre's Power）
II 　鬼の難題（The Ogre's Tasks）
III 　逃走（The Flight）
IV 　許嫁忘却（The Forgotten Fiancee）
V 　呪的忘却からの覚醒（Waking from Magic Forgetfulness）
VI 　本物の花嫁発見（The Old Bride Chosen）

　主人公が鬼に代表される強力な敵、魔物、怪物の類いの手に落ち、難題を課せられるというIおよびIIの最初のふたつの構成要素を持つ他の話型もかなりの数にのぼる。後三者、即ち、IV（許嫁忘却）、V（呪的忘却から覚める）、VI（本物の花嫁発見）も同様である。したがって、本話型の中核はIII の「逃走」自体にほかならない。
　言うまでもないことだが、「逃走」は「追跡」があってはじめて成立する。つまり、「追跡」と「逃走」はセットなのである。このセットが、古来いかにひとびとの関心を引いてきたかは、いまさら説明も要すまい。古代から現代に至るオリンピック競技の発祥、プロ野球やJリーグのペナントレース、大相撲の本場所、学校の運動会（体育祭）、さらには、活劇映画も刑事物もその中核をなすのは「追跡」と「逃走」のセットである。現実の生活の中で毎日の新聞を賑わす各種事件の容疑者と捜査陣の関係もまた然りである。はなしがあまり飛躍しすぎぬうちに本論に戻り、越後のグリムと呼ばれ、新潟県を中心に精力的に民間説話の採集活動をされていた水沢謙一氏からうかがったはなしを紹介する。氏は長年小学校の校長として勤務されるかたわら、『黒い玉・青い玉・赤い玉』『越後のシンデレラ』など、多くの民間説話関係の著書・資料集も出版されているのだが、毎週朝礼で児童生徒に民間説話（昔話）を話されていたそ

うである。その中で圧倒的に人気があったのが、「三枚の札」であったとのことである。そして、いよいよやまんばの追跡と小僧さんの逃走が始まると、児童たちの目は一段と輝いたという。このはなしを聞いたとき、筆者の娘三人のうち、年子の上ふたりが幼稚園と小学校低学年に通っていた。さっそく、家で実験してみると、まるで氏からうかがったとおりであった。ふたりは小さな握りこぶしを膝に、じっと目を据えて聴いている。いよいよくだんのシーンになると、ふたりともガタガタと身を震わせているのである（声色を使った筆者の演技力もなかなかのものであった）。少し怖がらせすぎたかな、と思っていると、翌日も同じ話をせがむではないか。そして、来る日も来る日もこれが繰り返され、最後にはこちらがすっかり閉口したことを覚えている。

　追跡と逃亡だけでも、聞き手を引きつける要素は十分備えているのだが、民間説話では、これに加えてひとつの決まったしきたりがある。それは、必ず弱者が勝つということである。ウサギとカメが競走して、ウサギが勝ったのではお話にならないことは自明である。聞き手も全面的に弱者を応援している。ここが、野球や相撲と大きく異なる点であろう。では、追跡者と逃走者を中心に次の資料を読み比べてみよう。

〈資料24〉アルゴ船の章（ギリシア神話）

　　「帰路」アルゴ船の帰路についてもいくつか異説がある。現存する最古の資料であるピンダロスの作品では、船はパシス川をのぼってオケアノスの流れに出た。そのあと船はオケアノスに沿って、アジア、アフリカをまわり、ジブラルタル海峡かまたは紅海から地中海へ入ったと言う。他にも、ドン川を通りバルト海へ入り、西ヨーロッパからジブラルタルを経て地中海へ入ったとする説もある。オウィディウスの説は一番簡単で、往路と同じ帰路をたどったとしている。彼による

と、アイエテス王の幼い息子アプシュルトスを捕虜にして一行はアイアから去ったという。黒海の途中で、アイエテス王の船を認めたメデイアは、弟を刺し殺し死体を切り刻んで海へ棄てた。あるいは浜にさらした。こうして追手がアプシュルトスの散らばった死体を集め、葬いをしているうちに、アルゴ船は追跡から逃げきった。

（西田実他編『ギリシア・ローマ神話事典』大修館書店、1988、88）

〈資料25〉名なしのニックス（イギリス）

　むかし、むかし、王さまとお妃さまが住んでいました。ふたりには子どもがなかったので、とてもさびしく思っていました。
　あるとき、遠くの国で戦争がおこり、王さまはなんか月も城をはなれなければならなくなりました。ところが、王さまのるすちゅうに、お妃さまは玉のような男の子を生みました。
　お妃さまのよろこびようといったら、たいへんなものでした。けらいたちもみな、おおよろこびで、この赤んぼうに名前をつける準備をはじめました。ところが、お妃さまがいいました。
「この子には、お父さまがお帰りになるまで、ほんとうの名前はつけないでおきましょう。それまでは、『名なしのニックス』とよぶことにします。お父さまがまだ、この子のことをごぞんじないのですから。」
　名なしのニックスはだんだん大きくなり、元気な男の子になりました。いっぽう、王さまは、戦争が長びき、なかなか帰ってこられなかったので、自分の子どもが生まれたことは、もちろん知りませんでした。
　しかし、とうとう戦争がおわって、お城に帰る日がやってきました。そのとちゅうのことです。王さまは、大きな川にさしかかりました。ちょうど水かさがましたときで、あちこちでうずをまきながら、ものすごい流れになっていました。これでは王さまでも、軍隊でも、とてもわたることはできません。そのうえ、うずまきのなかには魔ものが住んでいて、人間がわたろうとすると、いつもおぼれさせるのです。
　しかたなく、みんなが岸に立ちどまっていると、とつぜん大男があらわれました。この川をかるくひとまたぎできそうな大男です。大男は

とてもていねいにいいました。
「もしよろしかったら、わたしがみなさんをわたしてさしあげましょう。」
　大男がこんなふうにして、あとでとんでもないむりな要求をしてくることを、王さまはよく知っていました。
「お代はいくらだね。」王さまはなにげなくたずねました。
「お代ですって。」大男はにやりとしました。「そうですね、名なしのニックスでもいただきましょうか。そうしたら、よろこんでみなさんをわたしてあげましょう。」
　王さまは、大男の心の広いことを知ると、少しはずかしくなりました。そこで、
「いいとも、いいとも。名なしのニックスと、お礼のことばを進ぜよう。」といいました。名なしのニックスなんてものは知らないから、大男はただでわたしてくれると思ったのです。
　大男は、王さまとそのけらいたちをぶじにわたしてくれました。きゅうな流れもうずまきも、ひとまたぎです。みんなはいそいでお城にむかいました。お妃さまにひさしぶりに会った王さまのよろこびは、たいへんなものでした。が、りっぱに大きくなったわが子を見せられたときのよろこびは、それにも負けないほどでした。
「それで、おまえの名前はなんというのかね。」
　王さまはわが子をしっかりとだきしめながら、たずねました。
「名なしのニックスといいます。」と、男の子はこたえました。「父上がほんとうの名前をつけてくださるまで、こうよばれているのです。」
　王さまはもう少しでその子をとり落とすところでした。
「なんてことをしたのだ。わしは魔もののいる川をわたしてくれた大男に、名なしのニックスをやるとやくそくしてしまった。」
　これをきくと、お妃さまは、はじめはないていましたが、すぐに自分のむすこをたすける方法を思いつき、王さまにいいました。
「大男がやくそくのものをくれといってきたら、ニワトリ番の末っ子を出しましょう。子どもがあんなにたくさんいるのですから、金貨の1枚もやったら、きっということをきいてくれますよ。大男も気づき

はしないでしょう。」
　つぎの朝、もう大男がやってきて、名なしのニックスをくれといいました。そこで、ニワトリ番のむすこにきれいな王子の服を着せ、なきながら大男にさしだしました。大男はたいそう満足して、その子を背なかにかつぐと、すぐにたち去りました。
　大きな岩のところにやってくると、大男は背なかの子を下におろし、ひと休みしました。しばらくして大男は、きゅうにおきあがってどなりました。
「こら、ぼうず！　いまなんどきだ。」
　ニワトリ番のむすこがこたえました。
「母さんが、お妃さまの朝食に、卵をとりにいくころだ。」
　これをきくと、大男はぺてんにかかったことを知り、ニワトリ番の子を地面にたたきつけ、頭を石にぶっつけて殺してしまいました。
　それから、ものすごいけんまくでお城にひきかえし、
「名なしのニックスを出さないか。」とどなりました。
　そこで、こんどはお庭番のむすこにぴかぴかの服を着せ、なきながら大男にさしだしました。大男はやっと満足したらしく、その子をかついでたち去りました。
　ところが、また同じことがおこりました。背なかの子どもが重くなったので、大男は大きな岩にすわってひと休みすることにしました。しばらくうとうとしたあと、きゅうに立ちあがり、大声でいいました。
「こら、ぼうず！　いまなんどきだ。」
「父さんがお妃さまの夕食に、やさいをとりにいくころだ。」お庭番のむすこがこたえました。
　大男は、またまたいっぱいくわされたことに気がつき、かんかんにおこりました。お庭番の子を地面にたたきつけると、すぐにお城にひきかえし、ものすごいけんまくでどなりました。
「やくそくのものを出せ。名なしのニックスだ。さもないと城じゅう、みな殺しだぞ。」
　これ以上かくしてはおけません。王さまとお妃さまは、さめざめとなきながら、わが子をさしだしました。大男はこの子を背負ってたち

去りました。またしても、あの大岩のところでひとねむりし、目をさますとどなりました。
「こら、ぼうず！　いまなんどきだ。」
「そろそろぼくの父上が、夕食をもてとおっしゃるころだ。」王子さまがこたえました。
　大男はうれしそうにわらい、手をもみながらいいました。
「とうとうほんものを手に入れたぞ。」
　大男は、うずまきの下にある自分の家に、名なしのニックスをつれていきました。
　この大男というのは、ほんとうはすごい魔法使いで、どんなものにでもすがたを変えることができましたが、名なしのニックスをこんなにほしがったわけは、ひとりの小さなむすめをのこしておかみさんが死んでしまったので、その子のあそび相手にしたかったのです。そこで、名なしのニックスと魔法使いのむすめは、いつもいっしょにいました。そして、大きくなるにつれて、おたがいに愛しあうようになり、とうとうふたりは結婚のやくそくをしました。
　ところで、魔法使いは、まさか自分のむすめが人間の王子と結婚するとは思ってもいませんでした。人間なら、いままでにもう1000人も食べていたからです。そこで、こんどはなんとかして、名なしのニックスを追いはらおうとしました。
「名なしのニックスよ、ひとつ、おまえに仕事をしてもらいたい。長さが7マイル、はばも7マイル、そして7年間もそうじをしたことがない馬屋がある。これをあしたの夕方までにそうじしてくれんか。もしできなかったら、おまえを朝めしに食ってしまうぞ。」
　名なしのニックスは、朝暗いうちから仕事にとりかかりました。ところが、ひとつかたづけると、すぐ上からべつのごみが落ちてきます。こんなぐあいですから、朝食の時間になると、もうあせびっしょりになりましたが、仕事のほうはちっともすすみません。そのうち、魔法使いのむすめが食事を持ってきてくれました。名なしのニックスは、すっかりつかれはて、むすめに話しかける力もありません。すると、むすめは、

「こんなこと、すぐかたづくわ。」というと、パンパンと手をうち、こういいました。
「けものも、とりも、みんな出ておいで、馬屋のそうじをしておくれ。」
　すると、どうでしょう。1分もたたないうちに、野のけものたちがぞろぞろとやってきました。空にはいろいろな鳥たちがあつまり、暗くなるほどです。そして、このけものや鳥たちがみんなで、よごれたものをどこかへ持っていってくれました。馬屋は夕方までに、まるで新しい針のようにぴかぴかになってしまいました。
　さて、魔法使いは、これを見るとかんかんにおこりました。できるはずのない仕事をしたのは、むすめの魔法のせいにちがいないと思ったからです。
「いまいましいやつめ。だれかにてつだってもらったな。まあいい、あしたはもっとむずかしい仕事をやるからな。このむこうに、長さもはばもふかさも7マイルの湖がある。その水を、1滴のこらずかいだしてしまうのだ。夕方までにな。もし水が1滴でものこっていたら、こんどこそ、おまえを晩めしにして食ってやるからな。」
　ふたたび名なしのニックスは、暗いうちからおきだし、この仕事にとりかかりました。ところが、いくらかいだしても水はいっこうにへりません。どんなにあせを流して働いても、仕事は少しもはかどりません。
　そのうち朝食の時間になり、魔法使いのむすめがべんとうを持ってきてくれました。そして、このようすを見ると、わらいながらいいました。
「いいわ、わたしにまかせておいて。」
　そして、手をたたきながらこういいました。
「川の魚、海の魚、みんな出ておいで。そしてこの水をのみほしておくれ。」
　するとどうでしょう。湖はみるみるうちに魚でいっぱいになりました。そして、その魚たちがどんどん水をのんで、やがて湖はすっかりかわきあがってしまいました。
　朝になると、魔法使いがまたもどってきました。そしてこれを見る

と、前の2倍も腹をたてました。むすめの魔法のせいだとすぐわかったからです。
「いまいましいやつめ。またこいつをてつだったな。まあいい。もっとむずかしい仕事をやるからな。もしも、みごとそれができたなら、わしのむすめをおまえにやろう。——あのむこうに7マイルの高さの木がある。てっぺんにいくまで、とちゅうに1本のえだもない。そこには鳥の巣があって、卵が7つはいっている。その卵をぜんぶとってくるのだ。ひとつでもこわしたらだめだぞ。もしこの卵をとってこられなかったり、ひとつでもこわしたら、おまえを晩めしにして食ってやるからな。」
　魔法使いのむすめは、こんどこそこまってしまいました。こんな高い木から鳥の卵をこわさずに7つも持っておりるなど、とてもできそうに思えなかったのです。ふたりは木の下にすわり、あれこれと考えました。そして、とうとうむすめにいい考えがうかびました。むすめは思わず手をたたいていいました。
「指よ、指よ、手の指よ、どうぞこの人を木にのぼらせて。」
　するとむすめの両手の指がばらばらと手からおち、長いはしごになって、その木にまきつきました。ところが、それだけでは長さがたりません。そこでむすめはもう1度いいました。
「指よ、指よ、足の指よ、どうぞ、この人を木にのぼらせて。」
　すると、足の指がつぎつぎにはなれ、はしごのつづきになって木にまきつきました。そして、かた足の指がはしごになったとき、ちょうど木のてっぺんにとどきました。名なしのニックスはさっそくのぼっていきました。やがて巣にたどりつくと、7つの卵をとりだしました。さあ、これで仕事がおわるかと思うと、名なしのニックスはうれしくてたまりません。思わず木の下にいるむすめを見てしまいました。と、そのとき、卵がひとつ、するりと手をぬけて落ちてしまいました。
　　ピチャン！
「はやく、はやく！」
　むすめはあわててさけびました。このむすめがとてもかしこいことは、みなさんももうおわかりでしょう。

「もうこうなっては、にげるよりほかはありません。でも、その前に魔法のびんを持ってきてください。あれがなかったら、わたしは魔法をつかえないのです。それはわたしのへやにあるのですが、かぎがかかっています。わたしのポケットのかぎでドアをあけ、そのびんを持ってきてください。指のないわたしにはもうそれができないのです。わたしはあとでいきますから、さきにいってくださいな。かたっぽうの足にしか指がありませんから、はやく走れないのです。」

そこで、名なしのニックスは、いわれたとおりにびんをとってくると、すぐにむすめと落ちあいました。でも、ふたりはそんなにはやく走れません。そのうち、うしろのほうからあの大男のすがたをした魔法使いが、大またでのっしのっしと近づいてきました。みるみるうちにふたりに追いつくと、いまにも名なしのニックスをつかもうとしました。すると、むすめがあわててさけびました。

「はやく、私の髪からくしをとって、うしろに投げてちょうだい。」

名なしのニックスがいわれたとおりにすると、なんということでしょう。くしの歯1本1本から、大きなとげのついたイバラのえだが生えてきたのです。そして、みるみるうちに、あたりいっぱいにひろがりました。魔法使いは、すっかりイバラのしげみにかこまれてしまいました。さんざんてまどったあげく、からだじゅうをひっかかれて、もうかんかんです。

名なしのニックスとむすめはそのあいだにだいぶにげましたが、走ることでは、とても魔法使いにかないません。とくにむすめには、かた足しか指がないのです。

魔法使いはみるみるうちに追いついていきます。そして、またまた名なしのニックスをつかもうとしました。すると、むすめがさけびました。

「はやく、わたしの小刀をとりだして、うしろに投げてちょうだい。」

そのとおりにすると、小刀はみるみるうちになん千という大きなかみそりの刃となりました。魔法使いの大男は刃の上をよろよろ歩きながら、大きなうめき声をあげました。

名なしのニックスとむすめは、また大男のすがたが見えなくなるく

らいさきにすすみました。それでも、みるみるうちに大男は近づいてきて、またまた名なしのニックスがつかまりそうになりました。むすめは息をきらせながらさけびました。
「もう魔法のびんしかありません。びんのなかみを、少し地面にまいてください。」
　名なしのニックスはそのとおりにしました。しかし、とてもあわてていたので、びんのなかみをほとんどぜんぶまいてしまいました。すると、びんから出た水は大きな波になってふくれあがり、あやうく自分もいっしょに流されそうになりました。けれども、むすめのえりまきがうまくゆるんでいたので、それがのびてひきよせてくれました。
　うしろのほうでは、波がだんだん高くなって、大男の腰のところまできました。そして、もっと高くなって肩のところまできました。さらに、もっと高くなって、とうとう頭より上にきてしまいました。これが魔法使いの大男のさいごでした。あとは大きな海のような波がうねっているだけでした。
　さて、むすめはすっかりつかれはてて、もう1歩も歩けなくなってしまいました。そこでむすめは、名なしのニックスにいいました。
「むこうにあかりが見えるでしょ。あの家で今晩とまれるかどうか、きいてきてください。そのあいだわたしは、この池のほとりの木にのぼってひと休みします。あなたがお帰りになるまでには、すっかり元気になっていますから。」
　ふたりが見たあかりというのは、名なしのニックスの両親、つまり王さまとお妃さまの住んでいるお城のあかりだったのです（もっとも、ニックスはまだこのことに気がついていません）。その城のほうに歩いていくとちゅうに、ニワトリ番の小屋がありました。ニックスは小屋にたちより、ひと晩とめてほしいとたのみました。
「おまえさんは、いったいだれかね。」と、ニワトリ番のおかみさんは、うさんくさそうにたずねました。
「ぼくは名なしのニックスといいます。」と、若者がこたえました。
　おかみさんは、殺されたわが子のことをわすれてはいませんでした。それで、ニックスのこたえをきくと、すぐに、しかえしをしてやろう

と思いました。
「とめてあげることはできないけど、ずいぶんつかれているようだから、ミルクをいっぱいあげよう。とまるのはこのさきのお城にいってたのんでごらん。」

おかみさんは名なしのニックスにミルクをくれました。ところが、このおかみさんも魔法使いでしたので、ミルクのなかに毒を入れたのです。その毒は、ニックスが両親を見たとたんにねむってしまい、だれにもおこすことができないというものでした。

さて、王さまとお妃さまは、むすこがいなくなってから、それはそれは悲しんでいましたので、旅の若者にはだれにでもとても親切にしていました。その晩も、ひとりの若者がとめてくれといってきていることをきくと、すぐ自分たちで下の広間におりていきました。

ところが、なんということでしょう。名なしのニックスは王さまとお妃さまのすがたを見たとたんに床にたおれ、そのままねむってしまいました。もうだれもおこすことができません。名なしのニックスが両親に気づくいとまもありませんでした。両親のほうでも、まさかこれが長年さがしていたわが子だとは、知るすべもありません。

名なしのニックスは、とてもりっぱな若者になっていましたので、こんなことになったのをみんなとても悲しみました。

だれもこの若者をおこすことができないとわかると、王さまは、
「若いむすめならきっとだれよりもいっしょうけんめいになっておこそうとするにちがいない。この若者の美しい顔立ちを見ればな。だから、わしの領内のむすめで、この若者をめざめさせる者がいたら、持参金をたっぷりつけて、この若者の花嫁にしてやろう。」といいました。

王さまのおふれが出されると、国じゅうの美しいむすめたちがやってきました。しかし、だれひとり、若者をめざめさせることはできません。

ところで、みなさんはあのお庭番のことをおぼえていますね。大男にむすこを殺されたあのお庭番です。ここにもむすめがひとりいたのですが、とってもみにくいむすめでしたから、あのおふれを見ても、

どうせ自分はだめだと思って、いつものように働きに出かけました。むすめの仕事は池の水をくみにいくことでした。そして、その池のほとりの木の上には、まだあの魔法使いのむすめが、名なしのニックスの帰りをまってすわっていました。

お庭番のみにくいむすめが水をくもうとして身をかがめると、池に美しい顔がうつっています。むすめは、てっきり自分の顔だと思ってしまいました。

「わたしもまんざらすてたもんじゃあないわ。こんなにきれいな顔をしているんだから、もう水くみなんかやめてしまおうっと！」

みにくいむすめはバケツを投げだして、まっすぐお城にかけつけました。りっぱな若者と、すてきな持参金をもらえるかどうか、ためしてみる気になったのです。名なしのニックスの顔を見たとたんに、このむすめはすっかり恋のとりこになってしまいました。そこで、ニワトリ番のおかみさんが魔法をつかうことができるのを思いだすと、まっすぐにその小屋にいき、いままでにためたお金をぜんぶあげるから、どうかあの若者をおこす方法を教えてほしいとたのみました。

そこでおかみさんも考えました。あの王さまとお妃さまのたいせつなむすこを、このみにくいお庭番のむすめと結婚させるのは、このうえないしかえしではないか。おかみさんは、そのお金をうけとり、そのかわりに王子の魔法をとく方法と、その気になればまた魔法をかけなおすやりかたまで教えてやりました。

お庭番のむすめはまたお城にひきかえし、なにやら呪文をとなえました。するとどうでしょう。名なしのニックスはパッチリと目をさましたのです。

「あたしがあんたのお嫁さんになるのよ。」と、むすめはうれしそうにいいました。

しかし、名なしのニックスはあくびをしながら、もっとねむらせてくれといいました。むすめのほうも、いますっかりめざめさせるよりも、結婚のしたくがととのい、自分もきれいな服を着るまでねむらせておいたほうがりこうだと思いました。そこで、呪文をとなえ、若者をまたねむらせてしまいました。

いっぽう、お庭番のほうは、自分のむすめがさっぱり働こうとしないので、自分で水をくまねばなりません。そこで池にいってみますと、やはりあの魔法使いのむすめの美しい顔が水にうつっています。でも、お庭番までがこれを自分の顔などと思うはずはありません。
　お庭番が上を見ると、むすめがいます。そのむすめはかわいそうに、悲しみと空腹とつかれのために、もう息もたえだえでした。お庭番は、心のやさしい人でしたから、むすめを自分の家につれて帰り、食べものをあたえました。そして、ちょうどきょうは自分のむすめがお城にきた若者と結婚式をあげる日だといいました。王さまとお妃さまは、まだ小さいときに大男につれ去られたわが子、名なしのニックスを思って、たくさんの持参金を出してくださると物語りました。
　魔法使いのむすめは、これをきくと、自分のたいせつな人になにかがおこったにちがいないと思いました。そこで、すぐお城にいってみると、名なしのニックスがいすに腰かけてぐっすりねむっています。
　でも、もう自分でめざめさせることはできません。だって、あのびんがすっかりからっぽになっていたので、魔法をつかうことができないのです。むすめが指のない手をニックスの手にかさね、さめざめとなきながら、
「あなたのために、馬屋をそうじし、湖をかわかし、あの高い木にのぼった、わたしのために、目をさましてくださいな。」とうたったのですが、ニックスは身動きひとつしませんでした。
　ひとりの年とった女中が、このようすを見て、むすめを気の毒に思い、こう教えてくれました。
「このかたと結婚するむすめさんがいまにやってきます。そして目ざめさせますから、そのすみにかくれていて、よく呪文をきくのですよ。」
　魔法使いのむすめがいわれたとおりに身をかくしていると、お庭番のむすめがりっぱなウェディング・ドレスを着てはいってきました。そして、ねむりをさます呪文をとなえはじめました。しかし、魔法使いのむすめは、その呪文がおわるまでまっていることができませんでした。名なしのニックスがパッチリと目をひらいたとたん、かくれていたところから走りだし、指のない手を恋人の手にかさねました。

そのとたん、名なしのニックスはなにもかも思いだしたのです。お城のことも、両親のことも、魔法使いのむすめと、そのむすめがいままでにしてくれたことも、なにもかも。
　名なしのニックスは魔法のびんをとりだしました。
「まだきみの手をなおすだけの薬はのこっているよ。」
　たしかに、まだのこりがありましたが、14滴しかありませんでした。つまり、手の指ぜんぶと足の指4本分です。このため、足の小指だけはとりもどすことができませんでした。
　名なしのニックスはこうして、魔法使いのむすめと結婚し、ずっとしあわせにくらしました。足の小指なんかなくっても平気でした。ところでニワトリ番のおかみさんですが、これは魔女ですから火あぶりにされました。お庭番のむすめは、もとの水くみの仕事にもどりました。でも、しあわせではありませんでした。水にうつる顔はもうちっとも美しくなかったからです。
　　（三宅忠明訳『世界むかし話イギリス』ほるぷ出版、1988、41-62）

〈資料26〉　鳥の戦争（スコットランド）

　むかし、どうしたわけか、陸の動物と、空の鳥が戦争をした。
　すると、ある王さまのむすこが、それを見に行きたいといいだした。王さまも、
「だれが動物たちの王さまになるか、見ておくのもいいだろう。」
と思って、むすこを行かせることにした。ところが、そこに着いてみると、戦争はほとんど終わり、ただ、黒いからすとへびがたたかっているだけだった。
　へびはからすのからだをぐるぐる巻きあげていた。からすはくちばしでへびののどをつついているが、どう見ても、からすに勝ち目はない。
　むすこはなんとなくからすがかわいそうになった。そこで、刀をぬいて近寄ると、いきなりへびの首をはねてしまった。
　からすは、しばらく息をきらし、口もきけないほどだったが、やが

て、へびがその横で、ながながとのびているのを見ると、やっと安心していった。
「きょうのご恩は一生わすれません。お礼に空を案内いたしましょう。」
「そいつはありがたい。」
　むすこが背中に乗ると、からすはいっきに空へまいあがった。むすこを乗せたからすは、ぐんぐん風をきりながら、9つの山を越え、9つの谷を渡り、ようやくある一けん家の前におりた。
「あの小屋にお行きなさい。私の妹がいますから、きっともてなしてくれましょう。」
　からすは、むすこをおろすと、ふたたび空へ飛んでいった。
　むすこが、いわれたとおり小屋に行くと、きれいなむすめがいて、こころよくむかえてくれた。
　足を洗うためのあたたかい湯、色とりどりのごちそう、それに飲みものもたっぷりと出た。夜になると、ふかふかのベッドが用意され、おかげでむすこは、思いきり手足をのばし、朝までぐっすり眠ることができた。
　朝になって小屋の外に出ると、これまで見たこともない、ひとりの若者が、ふくろを持って立っている。むすこは、その若者にたずねた。
「黒いからすを見かけなかったかね。」
　するとその若者が答えた。
「わたしがそのからすだったのです。あなたのおかげで、悪い魔法が解け、もとの姿にもどれました。お礼に、このふくろをさしあげます。ただし、あなたが一生住みたいと思うようなところへ行くまでは、けっして開けてはなりません。いいですか。」
　むすこは若者に別れを告げ、もらったふくろをかついで、父の城にむかって、旅立った。
　山を越え谷を渡り、いよいよ、あと一日で父の城に帰れるというとき、むすこは近道をしようと思い、気味の悪い森に入った。
　すると、どうしたことか、あのふくろがだんだん重くなり、とてもかついでおれなくなった。
「ふしぎなこともあるものだ。」

むすこはしかたなく、それを下におろし、ちょっとだけ中をのぞいて見ることにした。
　ふくろを開けたとたん、あっというまに、すごい宮殿がとび出した。見たこともないような城壁と、大きな果樹園と、広びろとした花畑がそれをとりまいている。
　むすこは目をみはった。
「それにしても、なんだって、こんな気味の悪い森のなかでふくろを開けたんだろう。」
　むすこはひどくくやしがった。でももう、あとのまつりだ。とても自分の力でもとにもどすことはできない。
　とほうにくれていると、いつのまにか、自分のわきに、見あげるような大男が立っている。
「おい、王子さんよ、こんなところに城をおったてて、いったいどうするんじゃ。」
「そうなんだよ。じつは、ぼくも困ってるんだ。」
むすこはがっかりした声でいった。
「もとにもどしてやったら、何をくれる？」
「何がほしいんだ。」
「おまえさんのむすこが７つになったとき、もらいにいくってのはどうだい。」
「むすこができたらの話しだね。」
　そのとたん、大男は、城も城壁も果樹園もお花畑も、すっかりもとのふくろに入れてしまった。
「さあ、これでいい。気をつけて帰るんだぜ。おいらとの約束もわすれんようにな。」
　大男は、それだけいいのこすと、たちまち姿をけした。
　王さまのむすこは家に帰り、近くのいちばん気にいったところに出かけた。
「ここなら、宮殿ができてもわるくない。」
　むすこがふくろを開くと、ふたたびあのりっぱな宮殿があらわれた。果樹園も何もかも、すっかりまえのとおりだ。

第4章　魔法説話　111

「大男はみるみるうちに庭も果樹園もお城も、もとの袋にしまい込んだ」
（アーサー・ラッカム画）

やがて王さまのむすこはおきさきをむかえ、この宮殿でなに不自由ない楽しい日々をおくっていた。
　2人のあいだには男の子が生まれ、その子がちょうど7つになったときのこと、あの大男が宮殿にやってきた。
「むすこをもらっていこう。」
　王のむすことおきさきは、なんとかしてあきらめさせようとしたが、大男は、約束だといいはり、むすこをつれていってしまった。
　大男は、この子をつれて帰ると、3人いるむすめの遊び相手にした。何年か過ぎ、みんな年ごろになったある日、大男がいった。
「さあ、王子さん、きょうはおまえさんに、ひとつよめをえらんでもらおう。3人のむすめのうち、上の2人のどちらかをな。」
　ところが王子は末むすめを、いちばん気にいっていた。うつくしさといい、気立てといい、上のむすめとはくらべものにならない。
　　　そこで王子はいった。
「上の2人でなく、いちばん下のむすめさんがほしいんだけどね。」
　ところが、これを聞くと、大男は顔を真っ赤にしておこりだした。
「なんだと。このむすめがほしいのなら、そのまえに仕事を3つしなきゃあならぬ。もし1つでも、しそんじたらいのちはない。それでもいいか。」
「いいとも、どんな仕事でもいってくれ。」
王子はきっぱりといった。
「まず、あのうまやだ。あの中には、牛が100頭いる。そしてこの7年間、1度もそうじをしていない。これを晩までにきれいにするんだ。いいか、わらくず1つでも落ちていてみろ。おまえは今夜、わしのおかずだ。」
　王子はさっそく、仕事にとりかかった。だが、1人ではとても晩までにやりとげることはできない。
　それでも王子は、必死になってはたらいた。昼が過ぎても、うまやは朝とちっとも変わっていないのに、王子はもう汗だくだ。
「とてもだめだ。」
王子はため息をついた。すると、いつのまにか大男の末むすめが来て、

横に立っている。
「王子さま、どうぞこちらでお休みくださいな。わたしが代わってあげましょう。」
「そうしよう。どっちみち、もういのちはないんだから。」
　王子はひどくつかれており、そこへすわったかと思うと、たちまち眠りこんだ。
　どのくらい眠ったろう。起きてみると、どうだ。うまやはきれいにそうじされ、りんごをころがしたら、はしからはしまでとどくほどだ。
　王子がおどろいて、つっ立っていると、そこへ大男が帰ってきた。
「だれかにてつだってもらったな。」
「あんたじゃ、ないよ。」
「まあいい。あしたはこのうまやの屋根をふくんだ。それもぜんぶ鳥の羽根でな。しかも同じ色のものを2枚と使っちゃならん。もしできなけりゃ、おまえはわしの晩めしだ。いいな。」
大男は、それだけいうと、さっさとうまやを出ていった。
　夜が明けると王子は、弓と矢を持って鳥をうちに出かけた。ところが、鳥というのは、すばしっこいものだから、昼が過ぎても、つぐみが2羽とれただけだ。そのとき、またあの末むすめがあらわれた。
「王子さま、そんなことをしても、つかれるだけです。どうぞこちらに来て、お休みなさい。」
「そうしよう。どっちみちいのちはなさそうだ。」
　王子はあきらめ、まえの日と同じように眠ってしまった。目がさめると、うまやの屋根はすっかり鳥の羽根でふいてある。そこに大男が帰ってきて、
「また、だれかにてつだってもらったな。」
といった。
「とにかく、おまえさんじゃあないだろう。」
「まあいい、あすの仕事もあるからな。あの湖のむこうに高いもみの木がある。そのてっぺんに、青さぎの巣があってな、中にはたまごが5つ入っている。それを1つもこわさずに取ってくるんだ。」
　夜が明けると同時に、王子は出かけた。

ところが来てみておどろいた。森じゅうさがしたって、こんな大きな木はないだろう。登ろうにも、まるで壁みたいだし、いちばん低い枝までででも、500フィートはありそうだ。王子がとほうにくれて、木の下をぐるぐるまわっていた。すると、またあの末むすめがあらわれた。
「もう時間がありません。どうぞ、わたしのいうとおりにしてください。まず、このわたしを殺すのです。そして骨をぜんぶはずしてください。登るときには、それを1本ずつ木の幹におしつけるのです。しっかりとくっつきますから落ちる心配はありません。そしておりるときには、1本ずつ足をかけてください。王子さまの足がふれたら、ぜんぶひとりでにもどってきます。1つ、ぜったいにわすれないでください。それは、どの骨にも、かならず足をかけるということです。もしも、とばして足でふれないのがあると、それは永久にもどってこれないのですから。下におりてきたら、骨に肉をくっつけて、このむこうの泉に入れてください。そうしたら、わたしはもとどおりに生きかえれるのです。さあ、早く、いそいでください。わたしの骨を木に残さないでくださいね。」
「おまえを殺すなんて、とんでもないよ。」
「このままでは、どっちみち、2人とも殺されます。それよりは、この方法にかけてみるのです。さあ、早くっ！」
　王子は、むすめにせきたてられ、しかたなく、いわれたとおりにした。むすめの骨をつたって木に登り、気をつけて、1本1本に足をかけながら、たまごを取っておりはじめた。
　ところがいちばん下の骨は、地面すれすれのところにあったので、ついうっかりとびこえてしまった。
　王子はいそいで、むすめをもとのからだにもどすことにした。骨と肉を泉の水にひたすと、とたんにむすめは生きかえった。
「あれほど、気をつけてくださいといったのに。見てください。わたしは一生びっこになってしまったのですよ。あなたはわたしの足の小指の骨を木に残してきたのです。」
　むすめが、つづけていった。

「さあ、早くたまごを持って父のところに行くのです。うまくわたしを当てられたら、わたしたちは結婚できるのです。というのは、夕食が終わったら、父がよめにしたいむすめを当ててみろというはずです。わたしたち3人は、だれにも見分けがつかないほど同じ服を着、同じ姿をしております。でも、そのとき、この指を目じるしにしてください。」

王子は大男の家に帰って、たまごをさし出した。そして夕食がすむと、むすめのいったとおり、

「さあ、そろそろ眠るとするか。じゃあ、おまえの花よめを、ちゃんと当ててみろ」と大男がいった。

王子はあらためて、3人のむすめたちを見た。どのむすめも同じ服を着ているので、まるで区別がつかない。しかし王子は足の小指のないむすめに歩みよって、その手を取った。

「またまた、うまくやりおったな。まあいい、そのうち思い知るがよい」と大男はくやしそうにいった。

王子と末むすめは、自分たちのへやにひきさがった。そのとたんに、花よめがさけんだ。

「さあ、にげるのです。眠るどころではありません。今度こそ、父はあなたを殺す気です。」

2人は外に出て、うまやの方へかけだした。

「ちょっと待って。そのまえにしておくことがあるの」とむすめがいった。あわててへやにひきかえすと、りんごを9つに切って、それをあちこちにばらまいた。

しばらくすると、大男がへやの前に来て、

「もう寝たか」と、さけんだ。

「まだよ」とりんごの1切れが答えた。

しばらくすると、また大男がさけんだ。

「まだ寝ないのか。」

「まだよ」と、今度は別の1切れが答えた。

いつまでたっても同じ返事なので、大男はようやく、おかしいと気がついた。

大男がへやに入ってみると、ベッドはもぬけのからだ。
「なんということだ。むすめにいっぱいくわされるとは。」
　さて、王子とむすめは、必死になって走りつづけた。夜が明けそうになったとき、むすめがいった。
「父のはく息がかかって、背中が熱いわ。」
　ふり向くと、大男がすごいいきおいでかけてくる。
「いそいで、馬の耳に手を入れて！　なんでもいいから取り出してちょうだい。」
　王子は、りんぼく（山地に自生するばら科の常緑喬木）の小枝を取り出した。
「それを早く、後ろに投げて。」
　王子はそれを後ろに投げた。
　とたんに20マイル四方もある、りんぼくの森ができた。とげと枝がぎっしりとつまって、これでは、いたち1ぴき通れない。
大男はその森の中で手足がからまり、なんとかぬけ出そうとあばれまわった。
「またまた、むすめの魔術にひっかかった。おので道を切り開かねばなるまい。なぁに、すぐ追いつけるわい。」
大男はぶつぶついいながら家にひきかえすと、おのとナイフを持ってきた。大男にとってこのくらいの森を切り開くなど、朝めしまえだ。またたくまに森を切り開くと、
「こいつはじゃまだな。帰るまで、ここに置いとこう」といって、おのとナイフを下におろした。
　そのとき、木の上にいた、かんむりがらすがいった。
「そんなところに置いてると、おいらがぬすんで持ってくぞ。持ってくぞ。」　これを聞いた大男は、あわててのとナイフを拾い上げ、自分の家まで持って帰った。
　それからまた若い2人を追いかけにかかった。太陽が真上にあがるころ、むすめはまた父の息を背中に感じた。むすめはさけんだ。
「早く、馬の耳に手を入れて、なんでもいいから、そこにあるものを後ろに投げて！」

王子が取り出したのは灰色の石ころだった。それをすばやく後ろに投げると、どうだ。またたくまに大きな岩山に変わった。四方も高さも20マイルもあるような岩山だ。いかに大男でも、そのまま通ることはできない。
「またまた、むすめの魔法だ。えい、今度は少々手間がかかるぞ。だが、わしのてこと根掘りぐわを持ってくれば、通りぬける穴くらい、すぐにあけられるわい。」
そういうと、大男は家にとってかえした。道具を持ってくると、見るみるトンネルを掘りあげた。
「さあ、いまにみていろ。」
大男は道具を下に置こうとした。そのとき、かんむりがらすがいった。
「そんなところに置いてると、おいらがぬすんで持ってくぞ、持ってくぞ。」
「すきなようにしろい。もうおまえにかまってる時間はないんだ。」
　大男はすごい速さで、2人を追いかけた。
　夕方近くなって、むすめがまたいった。
「父の息が当たって背中が熱いわ。早く、王子さま、馬の耳をさがしてください。でないと、私たちは殺されてしまいます。」
　王子が手でさぐってみると、水が1滴あるだけだ。しかしそれを後ろに投げると、見るみる大きな湖に変わった。20マイル四方に、深さも20マイルあるような湖だ。
　大男はちょうど、その真ん中あたりを走っていたものだから、湖の底にしずみ、それっきりあがってこなかった。
　それを見てむすめがいった。
「父はおぼれ死にました。もうわたしたちを困らせることもないでしょう。」
　あくる日、若い2人が王さまの城に帰ると、さっそく盛大な結婚式がとりおこなわれた。それはそれはにぎやかなもんだった。
　だけど、わしのもらったのは、おわん1ぱいのおかゆだけ。おまけに水をくみにやらされて、おかげで紙のくつは台なしじゃ。
　　（三宅忠明『ジャックと豆の木ほか』家の光協会、1978、130-49）

〈資料27〉親指小僧（ベネズエラ）

　昔むかし、とっても小さいが敏しょうで勇敢な男の子がいて、親指小僧と呼ばれていました。ある日、親指小僧はこっそりと家を抜け出しました。これから世に出て、運を試してみようというわけです。野原を歩いていますと、きれいなチョウがトカゲに食べられようとしています。親指小僧が助けてやりますと、チョウは美しい少女の姿になり、お礼に糸玉と手鏡と赤い小石をくれました。
　親指小僧はさらに旅を続け、森の中で行き暮れてしまいました。運よく小さな家が見つかり、戸をたたくと、いやに鼻の長いおばあさんが出てきました。おばあさんについて中に入ると、同じ年ごろの男の子や女の子がたくさんいて、みんなごちそうを食べています。親指小僧も仲間に加わり、楽しい時をすごしました。そのうち眠る時間がきて、みんなふかふかのベッドに入りました。
　夜中に親指小僧は変な物音で目をさましました。そっと立ち上がり、壁のふし穴からのぞいてみますと、おばあさんが大きな包丁をといでいる真っ最中です。いつの間にか口が耳まで裂け、長いきばが生えています。それに真っ赤な目がぎらぎらと光っています。親指小僧は急いで他の子どもたちを起こし、みんな窓の外へとび出しました。
　「あのおばあさんは、おそろしい魔女だ。ごちそうでぼくらを太らせ、それから食べるつもりなんだよ」
　これを聞くと、子どもたちは青くなり、みんな全速力で駆けだしました。一方、魔女の方ですが、包丁をとぎおえると、
　「さあ、いちばん太ったやつを食べるとするか」と言いながら立ち上がりました。
　ところが、子どもたちの寝室に来てみると、中はもぬけのからです。この時の魔女の驚きと憤りといったら、とてもことばではあらわせません。すぐに外にとび出し、ものすごい勢いで追いかけはじめました。
　魔女がみるみる追いついて来るのを見ると、親指小僧は糸玉をうしろに投げました。糸玉は大きな岩山にかわり、とても登ることはできません。魔女はしかたなくトンネルを掘ることにしました。この間に

子どもたちはどんどん先へ進みましたが、トンネルを掘りおえた魔女がまた追いかけて来ます。親指小僧は今度は手鏡を投げました。手鏡は大きな湖にかわり、泳げない魔女は、水を飲み干すことにしました。この間に子どもたちはどんどん逃げましたが、水を飲み干した魔女がまた追いかけて来ます。親指小僧は最後に残った赤い小石を投げました。すると大きな火の海があらわれ、魔女はその中で焼け死んでしまいました。

子どもたちは無事にそれぞれの家に帰り、心配していた家族とよろこびの対面をしました。親指小僧は、子どもたちの両親からたくさんのお礼をもらい、それ以来豊かに暮らしたということです。

〈資料28-1〉黄泉の国

ここにその妹伊邪那美命を相見むと欲ひて、黄泉國に追ひ往きき。ここに殿の縢戸より出で向かへし時、伊邪那岐命、語らひ詔りたまひしく、「愛しき我が汝妹の命、吾と汝と作れる國、未だ作り竟へず。故、還るべし。」とのりたまひき。ここに伊邪那美命答へ白ししく、「悔しきかも、速く来ずて。吾は黄泉戸喫しつ。然れども愛しき我が汝夫の命、入り来ませる事恐し。故、還らむと欲ふを、且く黄泉神と相論はむ。我をな視たまひそ。」とまをしき。かく白してその殿の内に還り入りし間、甚久しくて待ち難たまひき。故、左の御角髪に刺せる湯津津間櫛の男柱一箇取り闕きて、一つ火燭して入り見たまひし時、蛆たかれころろきて、頭には大雷居り、胸には火雷居り、腹には黒雷居り、陰には拆雷居り、左の手には若雷居り、右の手には土雷居り、左の足には鳴雷居り、右の足には伏雷居り、あはせて八はしらの雷神成り居りき。

ここに伊邪那岐命、見畏みて逃げ還る時、その妹伊邪那美命、「吾に辱見せつ。」と言ひて、すなはち黄泉醜女を遣はして追はしめき。ここに伊邪那岐命、黒御鬘を取りて投げ棄つれば、すなはち蒲子生りき。こをひろひ食む間に、逃げ行くを、なほ追ひしかば、またその右の御角髪に刺せる湯津津間櫛を引き闕きて投げ棄つれば、すなはち笋

生りき。こを抜き食む間に、逃げ行きき。且後には、その八はしらの雷神に、千五百の黄泉軍を副へて追はしめき。ここに御佩せる十拳剣を抜きて、後手に振きつつ逃げ来るを、なほ追ひて、黄泉比良坂の坂本に到りし時、その坂本にある桃子三箇を取りて、待ち撃てば、悉に逃げ返りき。　（倉野憲司校注『古事記』岩波書店、1963、26-27）

〈資料28-2〉黄泉の国（現代口語）

　このようなことで、いざなきの命は、その妻のいざなみの命にお会いになりたいと思われて、黄泉国へ追っていらっしゃいました。それを、いざなみの命が裏口の門から出てお迎えになったとき、いざなきの命は、
　「いとしいわたしの妻よ、わたしがそなたと作っていた国は、まだ作りおわらず、そのままになっていますから、お還りになってください」と話しかけられました。それに対して、いざなみの命は、
　「くやしく存じます、早くおいでくださらなかったのを。わたしはもう黄泉国のかまどで炊いた食事をしてしまいました。けれども、いとしい夫の君がここまでおいでくださったのは、ほんとに恐れ多いことでございますから、何とかして還ろうと存じます。しばらく黄泉国の神と談判いたしましょうから、わたしをご覧にならないでください」と答えられ、その宮殿の中にお帰りになりました。ところが、そのまま時間がたって、いざなきの命は待ちきれなくおなりになりました。そこで命は、結髪の左のつかねに刺されていたゆつつま櫛の端の太い歯を一つかいてそれに火をつけ、一点のともし火として宮殿の中に入って見られたところが、そこに横たわった屍体には、蛆が一面に群がって、何とも異様な声をたてており、頭には大雷が、胸には火雷が、腹には黒雷が、ほとには析雷が、左の手には若雷が、右の手には土雷が、左の足には鳴雷が、右の足には伏雷がいて、あわせて八雷神が成っていました。それをご覧になったいざなきの命は、おそれをなして逃げ帰ろうとなさいましたが、そのとき、妻のいざなみの命は、
　「わたしをはずかしいめにあわせました」とおっしゃって、すぐさ

ま黄泉国の醜女を出して追いかけさせられました。そこでいざなきの命は、黒い蔓の髪飾りをはずして投げ棄てますと、これに葡萄の実がなりました。醜女らはこれを拾ってたべますので、その間に命は逃げて行かれます。しかしまた追って来ます。そこでまた、結髪の右のつかねにさしてあったゆつつま櫛をかいて投げ棄てますと、これから竹の子が生えました。醜女らはこれを抜いて食べますので、その間に逃げて行かれます。そのあとでは、前に見えた八雷神に、多勢の黄泉国の軍兵をつけて追わせました。それに対して、いざなきの命は、腰に帯びられた十拳の剣を抜いて、うしろでに振りながら逃げて来られました。それでもこれらのものはなお追って来ましたが、黄泉ひら坂のふもとまでおいでになったとき、そこになっていた桃の実を三つ取って、それを相手めがけてぶっつけられましたところ、追って来たものどもは残らずその坂を越えずに引きかえして行ってしまいました。

（太田善麿『古事記物語』社会思想社、1971、28-30）

〈資料29〉 三枚の札（日本）

　　トント昔があったてんがね。
　　ある日、お寺のこぞうっこが、
　　「きょうは、天気もいいし、山へ花とりにいごうかな。」
そういうて、山へいった。ほうして、きれいなお花とりとり、あちこち、山さわいでいたとこが、ばばさがひとり、きたてが。
　　「こぞうさ、こぞうさ、もう、暗うなるが、お前、うちへかえらねえで、おらこへとまらねえか。」
　　「ほんね、暗うなるんが、したば、お前さんのとこへ、とめてもろおうかな」というて、ばばさについていったてが。ほうして、
　　「ばばさ、おら、いつも、ひとりっこでねてるんだん、ねせてくったいし（ください）。」
　　「いや、おれ、お前こと、だいてねるがね。」
　　はあ、こぞうは、ばばさにだかれてねた。ほうしたれや、夜なかになると、ばばさが、こぞうっこのからだを、あちこち、ペロッペロッ

と、なめているてがねし。
　「なんて、まあ、おっかねえな」と、こぞう、おもてなし（おもって）、「ばばさ、おれば、くうがんだろうか」と、にげていごうとおもて、
　「ばばさ、ばばさ、おれ、ションベン出とうて、しょうがねえわ。」
　「ションベンは、そこでしれ」というては、ペロッペロッと、からだじゅうをなめているてが。
　「ばばさ、ばばさ、アッパが出るわ。」
　「アッパなんか、そこへしれ。」
　「とってもできねえさか、センチン（便所）へやってくれ。」
　「したら、ほら、なわいつけてやるすけ、にげるでねえど。」
ほうして、こぞうに、こしなわいつけて、センチンへやった。
　「センチンのかみさま、おれば、どうか、にがして、くったさいし。」
そういうて、こしなわをとって、柱にいつけて、にげていった。ばばさが、
　「こぞう、こぞう、アッパいいか、いいか」というだん、センチンのかみさまが、
　「まだ、まあだ」と、へんじしてくったてが。あんまり、長う、まだ、まあだというすけ、ばばさは、
　「このちくしょう」というて、なわ、ギツッと、ひっぱったてんがね。ほうしたれや、ピチッと、なわがきれてとんできた。
　「こぞう、センチンにいねえんがんだな」と、いってみたら、こぞうの姿はねえ。
　「このやろう、そんま。」
てがで、こんだ、こぞうのあとを、ぼったくっていった。おにばばになって、ドンドン、ぼったくった。ほうして、こぞうは、そんま、つかめられそうになったすけ、おしょうさまからもろてきた3枚の札のうち、1枚を、
　「大山に、なあれ」というて、うしろへまいたてね。ほうしたけや、おっそろしい山になった。ほうして、ばばが、その山にのぼってみたれば、こぞうが、ヒョコヒョコとにげていぐのがめえた。
　「やろう、あそこにいた。」

と、ドンドン、ぼったくって、また、こぞうにとどきそうげになった。こんだ、また、札1枚、

「大川に、なあれ」というて、うしろへまいた。ほうしたら、おっそろしい大川になった。ばば、その水を、ブクブクと、のみほして、むこうに、ヒョコヒョコ、こぞうがにげていぐのがめえた。

「やろう、あそこにいた」と、ドンドン、ぼったくった。ほうして、また、こぞうのうしろにきた。札1枚を、

「大火事に、なあれ。」

そういうて、うしろへまいて、大火事にならして、こぞうは、にげていった。ばば、火をたたきつけるやら、あちこち、火をくぐったりして、そこで、しかも、てまとって、また、こぞうをぼったくっていった。

ほうしているうちに、こぞうは、お寺について、

「おしょうさま、おれ、おにばばに、ぼったくられてきたすけ、どうか、助けてくったさい」と、たのんだてが。ほうしたら、なじょうねか（どんなにか）、おっきなかねの下にいれてくって、知らんふりをしていた。

そこへ、おにばばがきて、

「おしょうさま、おしょうさま、ここへ、こぞうこが、にげてこねえかったかねし。」

「なに、こうばさ。」

「いや、どうでもきた、きた。」

「なに、うちじゅう、見れやれ。」

ほうして、ばば、あちこち、たずねるども、こぞうこはいねえ。こんだ、ナガシへいって、いどを、こう見たば、じぶんのすがたがうつっていて、

「こぞうこ、あそこにいた」というて、いどのなかへ、つったっておってしもた。

いちごブラーンとさがった。

（水沢謙一『黒い玉・青い玉・赤い玉』野島出版、1972、48-51）

起源と伝播

　現存する世界最古の類話は、先にあげたギリシア神話に見られるイァソンとメディアの逃走という点で多くの人の認識が一致している。しかし、これは後に現れる多くのヴァージョンとは、根本的な部分で異なる。それは、追跡者を妨害するのが、まずうしろに投げるのが呪物ではなく、切り裂かれたメディアの弟というきわめてリアリスティックな物体と親の悲しみという精神的な要素であることである。したがって、これが本話型の起源とは考えにくい。そこで浮上するのが、フィンランドのアールネが言うように、わが国8世紀の『古事記』（708）に見られるイザナギノミコトの逃走場面である。その後、6世紀に伝来していた仏教が普及するにつれて「三枚の札」に姿を変え、急速に全土に広まることになる。小さな物体が巨大な障害物に変わる、というアイディアはたちまち聞き手の興味を誘い、まず日本からインドに逆移入され、それからインド・ヨーロッパ語族に属する諸言語とともに欧米各地に広まったものと思われる。

東西の比較

　呪的逃走のモチーフが「ウサギとカメ」の競走と共通する点は弱者が強者に勝つということであり、相違する点はこの逃走に双方が命をかけているということである。逃走する側がもし捕まれば確実に殺されるはずだが、実際には追跡者が失敗して命を落とすケースが多い。しかし、物語の構成上、逃走者が捕まる（競走に負ける）ことは絶対にない。まともに競走したのでは、自分よりはるかに強い相手に勝てるはずはないのだが、ここで弱者が勝つには、① 呪物による障害物 ② 自身の変身 ③ 知恵、のいずれかを使わねばなら

ない。本話型においては、②（グリムの「ローラント」等）や③（ペローの「親指小僧」など）は稀で、いわば例外と言ってもよい。必然的に①が主流になるのだが、中核をなすモチーフは、小石、水滴、火打ち石、札、櫛、玉、といったごく小さな物体を、巨大な岩山、湖、大火、等の障害物に変え、追跡を妨げることである。この意味で、わが『古事記』に見られる「黄泉の国」の章こそ、世界最古の文献資料である。これを本話型の起源とするアールネの見解は、無論この事実に基づいている。

日本類話の特徴

ここで障害物の変容を見てみよう。「黄泉の国」の章における障害物は、髪飾り⇒葡萄の実、ゆつつま櫛（よどう）⇒竹の子、および桃の実三こ、である。はじめのふたつ、葡萄の実と竹の子はいずれも追手（ヨモツシコメ）の貪欲な食欲を満たすためのもので、後世の巨大な障害物とは異なる。ただし、三番目の桃の実三こが投げられると、「多勢の黄泉国の軍兵」が総退却をしたとあるのは、桃の実は食べさせるためではなく、ある種の神秘な力を持つとの古来の概念に基づく。後の「桃太郎」の概念に通じるものである。

つづいて、「三枚の札」がわが国の主流を占めるようになると、一転して、土（岩山）、水（大河、湖）、火（大火）が追手を防ぐように変化する。これは、ヨーロッパの特徴と完全に一致する。つまり、『古事記』に現れたモチーフがヨーロッパに伝わったあと様変わりし、仏教普及後の日本に逆移入したものである。日本では本モチーフが仏教布教の格好の材料として用いられた。伝承の舞台も社寺が中心となり、僧侶の与える護符（札）が逃走者（小僧）を救うのである。護符の代わりに、玉とか「手ぬぐい」が用いられることがあるが、これらも同じ魔よけの効力を持つ。頭に手ぬぐいを巻

くことは魔よけ、護身を意味した。今でも、学校の運動会（体育祭）などで競技者が「はちまき」を巻くのはその名残りである。

　いまひとつ、指摘しておかなければならないのは、かわや（便所）の神様の援助である。「三枚の札」の大部分の類話に、この神様は登場する。場合によっては、三枚の札の一枚がこの役を演ずるが、たいていの場合、かわやの神様が小僧に代わって返事をし、山姥の追跡を遅らせる。マルコ・ポーロは、その『東方見聞録』の中で、日本（ジパング）の「完備した上下水道」に言及し、人畜の排泄物を保管する便所の存在に（その匂いは別として）驚きの目を見張っている。彼はこれを保健衛生上の工夫と判断した（ヨーロッパに便所が普及しだしたのは現代になってからである。今でも、デパート、ホテル等で、その少なさに大変不便を感じた向きは多かろう。あの有名なヴェルサイユ宮殿に便所が作られたのもつい最近のことである）。マルコ・ポーロ（実際に自分の目で日本を見てはいない）の判断とは別に、日本に早くから便所が作られたのには理由がある。衛生上の工夫というよりは、農耕のための肥料確保が目的であった。特に、稲作の北限に位置した日本では、大量の有機肥料を必要とした。そのために、人畜の排泄物ほど有効なものはなかったのである。狩猟や放牧を中心としたヨーロッパと稲作農耕が中心となった日本との顕著な相違点である。

ヨーロッパ類話の特徴

　資料の「名なしのニックス」および「鳥の戦争」は、いずれも19世紀のイギリスとスコットランドを代表する類話であるが、共通する部分が多い。現在ではエディンバラ大学スコットランド研究所で組織的な採集活動が行われており、そこで採集された「もの知りのグリーンマン」（拙著『スコットランドの民話』54-78、参照）は、さ

らに複雑化、それでいてより洗練された物語になっている。紙面の都合で本書の資料からは割愛したが、参照していただければ幸いである。これらに、グリムの「ローラント」「まことの花嫁」を加えて、考察を進めたい。

　呪的逃走のモチーフが日本から伝わったとして、ヨーロッパではいち早くこれに男女のロマンスが加わった。不自然なくらい広範囲にわたって、追跡者は恋人（女）の父親なのである。そして、たいていの場合、父親は追跡に失敗し、大火や洪水に呑まれて落命する。父親の命と引き換えても恋人をとるという、娘（女性）の自立を示唆するものであるが、この極端なところがまた民間説話の一大特色である。

　さらに、「衣服を盗んで結婚する」（AT 413 Marriage by Stealing Clothing）や「許嫁忘却」（The Forgotten Fiancee）、「呪的忘却からの覚醒」（Waking from Magic Forgetfulness）、「本物の花嫁発見」（The Old Bride Chosen）など、従来からあった大小のモチーフが加わって、物語をことさら複雑化していると言えよう。

3　「浦島」伝説の国際性
(AT 470, 470A　Friends in Life and Death)

　浦島伝説の国際性は早くから多くの人々に指摘され、話題を呼んできた。インドネシアか東南アジアから琉球諸島を経て伝来したものであろうというのが通説である。主人公はカメの背に乗って海の楽園に行き、数年過ごして帰ってみると、その間に数百年が経過していたというのが一般的である。わが国では、『お伽草子』をはじめとして各風土記にも見られ、この伝説と結びついた地名も多い。しかも、驚いたことに、ほぼ地球の反対側に位置するアイルランド

に二千年近くも前から非常によく似た話が伝わっているのである。次に、資料を見ていただきたい。

〈資料30〉浦島太郎（1901年、文部省唱歌）

  1 昔昔　浦島は
     助けた亀に　連れられて
     龍宮城へ　来てみれば
     絵にもかけない　美しさ

  2 乙姫様の　御馳走に
     鯛やひらめの　舞踊
     ただ珍しく　おもしろく
     月日のたつも　夢の中

  3 遊びにあきて　気がついて
     お暇乞いも　そこそこに
     帰る途中の　楽しみは
     土産に貰った　玉手箱

  4 帰って見れば　こはいかに
     もといた家も　村もなく
     道に行きあう　人々は
     顔も知らない　者ばかり

  5 心細さに　ふたとれば
     あけてくやしき　玉手箱
     中からぱっと　白煙
     たちまち太郎は　おじいさん

〈資料31〉浦島太郎

　とんとむかしがあったげな。むかしあるところに長者があって、その長者の若さんの浦島が、海が好きで、毎日海へ出よなはった。そしたら、亀どんの、かわええげな亀どんを、子どもが持って遊んじょって、ひゃひゃひゃひゃあ笑あて、海へ浸けちゃあまた上げ、海へ浸けちゃあ上げ上げして。若さんは、
「かわえそうに亀よ。お前は死ぬるがなあ。お前たち子ども、銭をやるけんな、わしにその亀買わしてくれんか」いうて言いなはったげな。そしたら、
「あげようよ。銭もらえばええけん、あげようよ」言うて。浦島は亀もらって、それから、
「お前ここにおれば、子どもが殺えてしまうから、必ず必ずここを上がるじゃないぞ」言うて、海へ向けて、亀どんを放いてやりなはったら、ようにように顔を見て、ずうっと沖へ逃げたそうな。
　そうして逃げたら、また今度浦島さんがなあ、海へ出なはった、魚釣りに。そうしたところが、大きな大きな大きな亀どんが、ううーっと浮いてきて、
「この間は、浦島さん、あんたのお世話になって、よっぽど死ぬるところを助けてもらって、何の恩返しもないが、わしの背中へ乗ってくだせえ。龍宮城というところへ案内しますけえ」
「死ぬんではないか」
「死ぬことなんかない。乗ってくだせえ」
「♪浦島太郎は亀に乗り」いうて、浦島は歌をうたって、波の上になったり下になったりして、龍宮城というとこへ着いたそうで。そうして着いたら、いいとこで、たいやひらめや、姫さんやそろって迎えに出て、いい男だもんだけえ、
「よう来てくれた」いうことで、ごっつぉう（ごちそう）して。
「ここは珍しいとこだから」言うて、一間開けてみたらなあ、ほんににぎやかなにぎやかなとこで、きれいなとこで、花が咲いて、りっぱなとこで、

「はあきれい」
「ここはまあ収めましょう」言うて、そりょう閉めて。それから今度目には、牡丹の最中で、牡丹がりっぱに咲いて。それからまあ、
「こりゃあここは収めましょう」それからまた次に行って、今度は田植えで、
「♪ハア、ドンゴラドンゴラ、コレ、サッサカ、たいならさばなら、持ってこい、持ってこい」いうとこで、その田植えしたとこで、
「ああ、こりゃあまあ、それではここはこれで収めましょう」言うて。それからそこを収めて、田植えは収めて。今度は盆が来て、
「ここは盆でございます」って。盆が来たところが、さあまことにりっぱにこしらえて、みんながなあ、
「♪ハラヤー、ハトナアー、ヤントヤトナアエー、踊れえ踊れえとハア、踊り子が揃うた、アードッコイサッサ」ていうて踊ったところを見せたと。そしたら浦島さんも嬉しくてかなわんが、仕方がないけど、ここをまあそれでしゃんと閉めて、盆がすんで。それから今度目の間を開けたら、今度は祭りで、いや太夫さんが、デンゴラデンゴラで、
「♪銭なら米なら持てこい、持てこい、持てこぬもんは前の川へふいと投げ」いうて、その太夫さんがデンゴラデンゴラしようる。それから、
「ここはまあ収めましょう」言うて。それからまた今度目も開けたら、さあ正月が来て、子どもが羽根をつくやら、
「♪ひいにふう、いったか婿さん、手っこが七重で、みいーによう」いうて、りっぱに子どもが歌って、羽根をつきよった。それから、
「もうわしゃ帰らにゃいけん。何年にもなったことだから」いうことんなって。それから、
「去ぬる」言うたら、
「去ぬんな」って、乙姫さんが言っても、
「それでも、どうでも去ぬるよ」言うたら、乙姫さんがな、玉手箱渡して、
「これは必ず開けてならんけん」言う。そうして玉手箱もろうて、喜んでなあ、浦島さんがなあ、去ぬるんですが。

「♪波の上やら海の底、見ればかれいやかつお、さば」いう歌をうとうて、波の上になり下になりして、歌って去なれたいう。

そうして去んで、見るところが、様子がすっかり違う。わが長者の邸は影も形もない。

「おかしいーなあ」そうしたところが、そばに爺さんが畑を打っていた。

「なんとお爺さん、ここに長者の邸がありゃあせんかったかい」

「ああ、むかしは長者があってなあ、繁華な家だって、若さんの浦島さんがおりなはったが、魚釣りい出ておらんようになってしまいなさって、哀れ悲しや、とうとうその家は死に絶えてしもうた。そこの標はこの松の木がそれだ」いうて、爺さんが言うたいうて。そうしたら、

「それはなんと。わしはその浦島だ」言うたら、爺さんが、

「ありゃあ、あなたが浦島さんかな」言うて、えらい悲しがって、二人は泣きわめいたいう。

そうしとったら、こりゃ、ほんにこういうことになった、これを開けて見ちゃろうかい、乙姫がこんなものをくださったから、と思うて、玉手箱を開けたら、白い綿みたいなもんが、ばあっとふいて、浦島の体にみんな引っ付いてしもうて、羽根が生えた。

「お爺や、世話になったが、これからわしは天竺へ上がるけんなあ」言うて、その松の木ぃ、ふうっと立ち上がってしまいなさって。ほうしたとこが、下から大けな亀どんが上がってきて、

「あの、浦島さん、あなた、鶴になりなはったか。ほんならわしはここからあんたと二人夫婦だ」言うてきたげな。せえで、鶴と亀とがここで暮らしたげな。

むかしこっぽり。

(稲田浩二編『日本の昔話』上、ちくま学芸文庫、1999、72-76)

〈資料32〉ティル・ナ・ノーグ（アイルランド）

オシーンが、フェーナ騎士団の仲間たちと森で狩をしている時のことであった。獲物は多かったが、あまり山奥に入ったため、仲間たち

はみな疲れ果て、その上空腹で、とても獲物を運んで帰れそうになかった。そこで彼らはそれをオシーンと3頭の猟犬にまかせて、さきに帰って行った。

　オシーンが3頭の犬と獲物を引いて帰る支度をしていた時のことだ。不意にうしろの茂みから若い女の声がした。

「運ぶお手伝いをしましょうか。ほんのすこしでも、あなたの荷が軽くなりましょう。」

　振り返って見ると声の主は若い女の姿であるが、奇妙なことに首の上には豚の顔がついている。が、オシーンは、せっかくの獲物を置いて帰るよりはと思い、その申し出を受けることにした。ひどく暑い晩で、荷は重く、いくらも行かないうちに、オシーンが言った。

「しばらくここで休んで行こう。」

　ふたりは荷をおろし、道ばたの岩に背をもたせて坐った。女にはやはり重荷すぎたらしい。彼女は息を切らし、すこしでも楽になるように、着ていた上着を脱ぎすてた。オシーンは、彼女の輝くような美しい上半身と、白く形よく盛り上がった胸に目を奪われた。

「これは何と美しい」と彼は言った。「いまだかつてこれほど美しいからだを見たことがない。だのに、首から上に豚の顔がついているとは何と口惜しいことだろう。」

「これにはわけがございます。」と女が言った。

「私は名をニーブと言い、父は不老不死の国ティル・ナ・ノーグの国王なのです。私は国中で誰にも劣らぬ美しい顔をしていたのですが、父がドルイド僧に命じて、このように豚の顔に変えてしまったのです。その僧があとで来て申しますには、私はフィンの息子の誰かと結ばれないかぎり、もとの顔をとりもどすことはできないのだそうです。私はそれを聞きますと、一刻を惜しんでこのエリンの国へやってまいりました。そして、オシーン様、私はフィン・マックールの数ある子息たちの中からあなたを選び、ここ数日ずっとあとをついてまわっていたのでございます。」

「そういう事情があるのなら」とオシーンが言った。「そしてそなたと私が結ばれることが、そなたを救うことになるのなら、私はよろこ

んでその魔法を解いてさしあげよう。」
　ふたりは、狩の獲物を持ち帰るどころか、持ち上げることすらあと
まわしにして、その場でただちに結ばれた。その瞬間、豚の顔は消え
去り、代りに姫の美しい顔がよみがえった。
「さあ」と、この気高いティル・ナ・ノーグの王女が言った。「これ
で私は行かなければなりません。私と一緒にティル・ナ・ノーグの国
に来てくださいますなら、私が今からお連れいたします。」
「もちろん」とオシーンが言った。「そなたの行くところなら、いか
なる国であろうとも。」
　ふたりはそのまま出発した。ノカナールの館にもどり父や息子に別
れを告げることもせず、オシーンはニーブについて、ティル・ナ・ノー
グの国に向かったのである。今のオシーンにとって、このニーブこそ、
彼が今までに見たどんな娘よりも、どんな姫君よりも美しく、片時も
そばを離れ難い思いがするのであった。
　ふたりは、ニーブの白馬にまたがり、西へ向かって疾走した。野を
越え、山越え、丘を越え、やがて陸地の果てるところ、海のはじまる
ところにやって来た。白馬はひと声いななくと、海へ向かって駆けだ
した。波の上も何のその、まるでみどりの野のごとく、風が波を追い
越すと、ふたりは風を追い越して、走りに走った。そして3昼夜、つ
いにティル・ナ・ノーグ王国の城門にたどり着くまで片時も、歩を休
めることをしなかった。
　ニーブの父というのは、すでに幾時代、幾世代にもわたってティル・
ナ・ノーグの王座にあり、誰にもその地位をゆずっていなかった。こ
の国では定めにより、7年ごとに、国中のすべての騎士が王宮の前に
集合し、王座を争って彼方の丘の頂きまで駆けあがる。頂上には石の
玉座がおいてあり、最初に駆けあがってそこに坐った者が向こう7年
間この国を治めるという掟があったのである。そして、幾時代、幾世
代、ニーブの父を負かす者はひとりもいなかった。しかし、王にとっ
ての心配は、これほど長く王座にありながら、いつかやがて自分にとっ
て代る者が現れはしないかということであった。
　ある日、彼はドルイド僧を呼んで尋ねた。

「言ってくれ、ドルイドの僧よ。わしはいつまでこの王座に坐っておられるのか。いつかこのわしにとって代る者が現れるのか。」
「あなたは永久にその王座にいられましょう」とドルイド僧は言った。「あなたの娘婿があなたに競走を挑まないかぎり。」
　このドルイド僧の言葉を聞くと、王は、
「されば、わしは娘に婿をとらせるわけにはゆかぬ。だから誰とも決して結婚することができないようにしておかねばならぬ」と言い、たったひとりの娘であるニーブを呼んだ。
　そして、ドルイド僧から魔法の杖を受け取ると、わが娘をひと打ちし、ティル・ナ・ノーグはおろか世界中のどの国にもかつて例を見ないほど美しいその顔を、豚の顔に変えてしまったのである。
　それから娘を城の一室に戻し、ドルイド僧に向かって言った。
「もうこれで娘と結婚したいという者は現れまい。」
　ところがこれを見たドルイド僧は、いたくニーブに同情し、自分が王に話したことを心から悔やんだ。そして様子を見に、ニーブの部屋にやって来た。
「私は永久にこの姿でいるのですか」と娘が尋ねた。
「その通りでございます」とドルイド僧が言った。「エリンの国のフィン・マックールの息子の誰かと結ばれないかぎり。」
　これを聞いたニーブはまっすぐにエリンに行き、オシーンと会い結ばれ、そして今ふたたび父王の国へもどって来たのである。
　一方、娘の顔を豚に変えたことを少しは悔やみ、その上彼女がいなくなってひどく嘆いていた王は、彼女の美しく元気な姿を見ると、たいへん喜んで迎えた。娘が連れ帰ったオシーンもことのほか気に入り、しばらくは平和な日々が続いた。ティル・ナ・ノーグは不老不死の国、ありとあらゆる花が一年中咲き乱れ、果樹園には世界中の果物がいつもたわわにみのり、色とりどりの小鳥や蝶が舞い歌い、夢にも見られぬほどの楽園であった。
　ところがそのうち、7年に一度の王を決める競走の日が近づいて来た。いよいよその当日になると、国中の騎士や貴族が王宮の前に集合した。現王とオシーンも加えて、誰が一番早く丘の頂きにたどり着く

かを決めるのだ。彼らは、合図とともにいっせいに走りだした。そして、他の者がまだ半分も行かないうちに、オシーンはすでに頂きの玉座に坐っていた。

　ニーブの父王はよろこんでオシーンに王座をゆずり、無論他の貴族たちにも異論はなかった。オシーンは、何の不自由もないティル・ナ・ノーグの国王として、楽しい3年の月日を送った。美しいニーブを妃として。ところがそのうち無性に故郷のエリンに帰ってみたくなったのである。

「ニーブよ」とオシーンが言った。「私はしばらくエリンに帰り、父や仲間たちに会ってみたい。」

「私はあまりうれしくはございませんが」とニーブは言った。「それがあなたのお望みでしたら仕方がございません。私たちの乗って来たあの白馬をお使いくださいませ。あの馬はどこであろうと、乗り手の望む所に連れて行ってくれるのです。ただし、ひとつだけお約束ください。決して、エリンの土に足をお触れになってはなりませぬ。」

「よし分かった。しかと約束しよう。」

「重ねて申しあげます。万が一エリンの土に足をお触れになったら最後、この馬はあなたをその場に置き去りにしてここに戻ってしまいます。あなたは二度とこの国へも、いとしいニーブのもとへも、戻っては来られないのでございます。」

「よく分かった。エリンの仲間たちの様子を見たら、すぐここへ戻って来よう。」

「三度申しあげます。その馬から決してエリンの土地にはおりられませぬように。」

　こうしてオシーンはなつかしい祖国エリンへ向かったのである。

　海の上を、まるでみどりの野を行くがごとく白馬は疾走した。3月の早風が波を追い越し、その風を追い越して走りに走り、そして3日目、ついにオシーンはみどりなすエリンの山すそにたどり着いた。彼はただちに父フィンやフェーナの騎士団のいるノカナールの館に向かった。

　ところが、着いてみると、フィンやフェーナの騎士たちの姿はおろ

か、館のあとかたもなく、半分土と草に埋もれた城壁の残がいがあるだけであった。

　オシーンは目を疑った。たった3年で、このように変わることがありうるだろうか。それにしても、父フィンやフェーナの騎士たちはいったいどこへ行ってしまったのだろう。丘をおりてふもとの村に来てみたが、どれもこれも見覚えのない家ばかりである。3年前の見なれた顔はひとつもない。オシーンは道ばたで畑をたがやしている村人に声をかけた。

「ひとつお尋ねしたい。フェーナの騎士たちの行方をご存知か。」

「はて」と村人のひとりが首をかしげた。「どこかで聞いたような名だが。」

「そういえば、わしも聞いたことがある」と別の村人が言った。「何でもこのあたりにそのような名の騎士団がいたということを。だがそれはもう300年も昔の話じゃ。」

「なんだって。」

　オシーンはとっさに理解ができなかった。

「そうともよ。もう大昔のことだ。わしも子どもの頃、じいさんがそんな話をしているのを聞いたおぼえがある。」

　きつねにつままれた思いで、オシーンはその村人たちをあとにした。しばらく行くと道ばたに人だかりがしている。

「そこをお通りの立派な騎士どの」ひとりがオシーンに声をかけた。「どうぞお助けをいただきとうございます。」

　よく見ると、先ほどの村人もそうだが、誰も彼もオシーンが見慣れていた村人たちよりずっと小柄である。一番背の高い男でも、オシーンの肩ぐらいまでしかない。

「いったいどうしたというのだ。」

「仲間がひとりあの石の下敷きになっているのです。早く助け出さないとつぶされてしまいます。」

　見ると、大きな石を大勢で動かしていたらしく、それが倒れて逃げ遅れたひとりがその下敷きになってしまったのである。10人以上もかかっているのに、その石はびくともしない。

「それだけの人数で、これしきの石が取りのけられぬとは、何とも情けない」とオシーンは言った。「オスカーならば、いやフェーナの騎士ならば誰であろうと、これくらい片手で十分だ。」

オシーンは馬にまたがったまま、その場に近づいて行った。足を地に触れてはならぬというニーブの忠告を忘れてはいなかったのだ。そして、馬の上から手を伸ばし、石のはしをつかむと、いとも軽々と持ち上げ、そこに集まった人だかりの頭ごしに、向こうの野原まで投げとばした。

ところがどうしたことか、石を投げたはずみに、片方のあぶみがぷっつりと切れてしまったのである。オシーンは身体の重心を失い、思わず片方の足を地につけた。とたんに、ニーブの白馬は風のごとく走り去った。ぼう然と立ちつくすオシーンを置き去りにして、再び戻っては来なかった。

続いてもっと不思議なことが起こった。

堂々と、血色よく、若々しく立っていたオシーンが、みるみる白髪の小柄な老人となり、無数のしわが刻まれたかと思うと、さらに小さくちぢみ、やがて煙か霧のように人々の目の前から消えてしまったのである。白馬が走り去ったとたんに、300年の歳月が、一度にオシーンをおそったのだった。

これが、不老不死の国、ティル・ナ・ノーグに行って戻ったオシーンの物語の結末である。

(三宅忠明『アイルランドの民話と伝説』大修館書店、1978、230-38)

資料について

最初にあげた唱歌は、明治時代の後半、文部省によって制定されたものである。「桃太郎」などと並んで、物語の全国民への浸透にどれほど作用したかは計り知れない。特に最終連の「中からぱっと白煙　たちまち太郎は　おじいさん」が伝説のラストシーンと信じている向きが多いと思うが、龍宮城に三年いる間に、実際には三百

年ないし九百年の時が経過していたわけだから、こんなことですむはずがない。この姿になったのは、「桃太郎」などとともに、柳田國男の言う「新奇なる潤色」（「桃太郎の誕生」参照）が加えられた江戸時代末期のことである。

　次にあげたのは、現代の伝承資料から採ったものである。最もリアルな結末は、若々しい主人公がみるみる年をとり、やがて骨となって崩れ落ち、最後は一握りの土になる、というものであるが、伝承の過程で語り手によってさまざまに変化する。中でも、ツルになってどこかへ飛び去ったという、風土記的結末が多いようであるが、カメと夫婦になるというのは珍しい。

　最後にあげたケルトの類話も、実はかなり大幅に変化する。ニーブ（ニァヴ）のオシーンとの出会いの場面は、フェーナの騎士たちが大勢で狩りをしているところに、彼女が白馬にまたがり乗りつけるというのが一般的であるが、ここには特定の語り手が自身の解釈を加えて語ったものを紹介した。ティル・ナ・ノーグにいたのは三年と思ったのに、アイルランドでは三百年が経過していた、というのだから、結末は先の「浦島」と同様になるはずである。こちらでも「教育的配慮」により、ただ老人になったとされるのが多い。本資料でも、原話は老人になったところで終わるのだが、あえてこのような結末にした。

話型の分析

　本話型（AT 470）の構成は次のとおりである。

I　　異界訪問（The Visit to the Other World）
II　　旅（The Journey）
III　帰還（The Return）

IV 死 (Death)

　この話型に共通するモチーフは、最初の「異界訪問」と、「帰還」に際して数百年の時が経過することである。「異界」(the other world) とは、いずれにしても異次元世界である。表面的には、死、病気、悲しみ、争いなどと無縁の楽園であることが共通する。「不老不死」は、古来万人の願望するところであり、民間説話においてももっともポピュラーなテーマであることは、容易に想像がつく。事実、旧約聖書のエデンの園に始まり、ギリシア・ローマ神話、ケルト神話、そして世界中の民間説話から、この類話を持たない民族を探すほうが困難であろう。

　しかし、どんなに強く願望しても、時が経過する限り、人は年をとり、やがて死を迎えることは避けられない。そこから生まれる発想は、時の経過がないか、あったとしてもこの世よりも極端に遅い異次元の世界に行けないか、に移る。そのためには、宇宙空間に出かけるよりほかはない。光よりも速く宇宙を移動する手段は別として、百光年の彼方に行って帰った時点で何が起こるかという理論を、人類は相当古い時代から持ったのではないか。あるいは、まさかとは思いつつも、はるか古代において、宇宙に出かけた人類がいたのではないかとか、宇宙との何らかの交渉があったのではないか、などと果てしなく夢をかきたてる物語ではある。

　次いで、そこまではしなくても、この世のどこかに、ことによったらごく身近に異次元世界があるのではないか、との空想から生じたのが、ケルト伝承の「妖精道」とか「妖精塚」である。ここに迷い込んだ人が、数年後、場合によっては数分後に、我が家に帰ってみるとその跡形もない。やはり数百年が経過しているのである。

国際比較

　民族性の違いを表わす相違点は、① 楽園の位置、② ロマンス性の有無（強弱）、③ 禁止事項、である。以下、順を追って比較考察を行う。
　① 先の二者に限れば、海底と海上である。カメの背に乗って行ける所となれば、海岸からそれほど離れでいるとは考えにくい。事実、兵庫県城崎町あたりの伝承では、龍宮城はだれでも泳いで行けそうな、目と鼻の先である。これに対して、ケルト伝説における「ティル・ナ・ノーグ」は、海の上を全力で駆ける駿馬に乗って三日もかかる、大西洋上にある。神秘を海底に想像したアジア民族と楽園「アトランティス」を夢に描き、ロマンを大西洋の彼方に求めた、ヨーロッパ民族の一面をよく表している。
　② 琉球などの伝承によれば、浦島太郎と乙姫様のロマンス（男女の関係）がほのめかされるが、先の唱歌にあるような教科書的物語になると、それがすっかり影をひそめる。これも、儒教の日本的解釈（男女七歳にして席を同じゅうせず）と明治時代の「教育的配慮」により、意識的に削除されたものである。この点、オシーンとニーブの方はきわめて対照的である。そして、より自然であると言わざるをえない。
　③ 禁を犯すことによって閉じこめられた時が一気に経過する、というモチーフは、あるいは共通項に入れるべきかも知れない。特に、民間説話においては、「見るなの花座敷」のように、禁は必ず犯される、は洋の東西を問わず、ひとつの鉄則なのだから。しかし、よく注意してみると、微妙な相違点も存在する。まず、浦島が好奇心に負け自発的に玉手箱のふたをとるのに対し、オシーンの落馬はまったく意に反したものであった。なぜなら、もし馬から降りてアイルランドの土を踏めば、彼は二度とニーブのもとへ帰れぬことを

知っていたのだから。浦島の場合は、この前提はいっさいなかった。ここにも、ロマンス性の削除と強化が、著しいコントラストを描いている。

4　羽衣伝説の国際性
　　（AT 413 Marriage by Stealing Clothing）

　「羽衣伝説」としてよく知られる物語は、もともと民間説話の一話型「天人女房」であり、アジアのみならず、ヨーロッパにも多くの類話が認められる国際話型である。日本とスコットランドで採集された資料を読み比べてみよう。

〈資料33〉天人女房

　　昔あったそうな。
　　むかし、ほうろく売りが商いに回っている時、岬の一番先のところを歩いて行きよった。その時ひょいと浜辺を見ると、きれいな娘が寄り集まって水を浴びよる。あの娘もこの娘も、見たこともないほど美しい娘ばかりだった。浜辺の松には、ふうわりしたきれいな着物が掛けてあったが、ほうろく売りはひょいと出来心が起きて着物を1枚取ると、すばやく荷物の籠の中に隠して行ってしまった。
　　晩方、商いの帰り道、岬のはしを通りかかると、娘がひとり海を向いて泣いておった。「ああ、衣装を盗んで気の毒なこっちゃと思ったけれども、いまさらもどしてやるわけにもいかん。けれども、どうぞして助けてやらないかん」と思って、わざと足音をたててみたが気がつかん。おどかしてやれと、ほうろく鍋を放ってみたが、われて大きい音がしたのに振り向いても見ん。ほうろく売りは、娘のお尻へ向けてまたもう1枚ぶっつけた。ようようこちらを振り向いたので、
　　「お前さん、どうして泣いとるぞ」と尋ねた。娘は、

「わたしは天人ですが、水を浴びとる間に衣装が無くなったので、もう天へ帰ることができません」と、しくりしくり泣いていた。ほうろく売りは、「それはお困りじゃ。天へ帰れないならどうかわたしの嫁さんになってください」と頼んで、天人を連れて帰って妻にしたそうな。

　やがて日が過ぎ、月が過ぎて、2人の間に子どもがひとり生まれたと。その子がはや、3つになっていた。天人は子どもに添い寝しながらふと天井を見ると、天井の桟になんだか古ぼけたものがぶら下がっとるのが見えた。何じゃろうかと思って、はしごをかけて、くるんである油紙を取って見たら、わが衣装じゃ。さては、うちの人があの時羽衣を盗ったんじゃなとわかった。憎くもあるが、それよりも天国がなつかしくてたまらん。ちょうど留守でええあんばいじゃと、天の羽衣に着かえて子どもを脇に抱きかかえ、天へ帰ろうとした。するとはや、迎えの黒い雲が表口までおりて来た。そこへちょうどもどって来たほうろく売りは、

「お前はどこへ行くぞい。えらい事をしよる」とびっくりして言うた。

　天人は、もう急いどるから言葉を返すまいと思って、

「私も恋しいが、お前もあきらめてくれ。われは天の七夕じゃ。恋しかったら、ぞうりを1000足作って昇って来い」と、それだけを言い残して、雲に乗って昇ったまま消えてしまった。

　それからというものは、ほうろく売りは毎日毎日がつらくてかなわん。

　あまり恋しいので1000足のぞうりを作りにかかったが、1000足とはいかにも暇がいるもんじゃ。早よう行きたいと数えるばかりして、やっと999足まで作ることができた。あとも一足ぞ、やれうれしやと思うと、最後の1足は作らずに、迎えの雲にとび乗って天に昇り始めたそうな。ところが天の国が手に届くほどのところへ来ながら、どうしても進まない。天人の七夕さんは2階で機を織りよったが、下を見ると亭主が、1000足に1足たらないぞうりのせいで困りぬいている。あんまりあわれで2階から機織りの棒を突き出し、ほうろく売りを引き上げてやった。

七夕さんの両親は、下界から来た聟が憎うてたまらんので難題ばかり出してきた。ある日、「籠で水を汲め」と言いつけられた時には、七夕さんがそっと籠に油紙を敷いてくれたと。ある日は、「粟をたんぼへまいてこい」と言いつけられた。まいてもどったところが、「あそこへまくのじゃなかった、拾ってこい」とむりを言う。その時も七夕さんが鳩を放して、粟粒をみんなくわえてもどらせてくれたから、ほっとした。
　天上では瓜を切って食べたら水に流されるから、瓜は食べたらいかんと決められとるが、七夕さんの両親が、「瓜を輪切りにして食べよ」と言う。食べてはいかんのだと思っておったが、あんまり暑い日だったので、とうとう食べようとして瓜を切った。
　とたんに瓜の中から水が出てきて、足の方から流されだした。七夕さんは2階で機織りしよって、「ふしぎな水じゃ。さてはあれほど言うてあったのに瓜を切ったな」と思って、手を上げて、
　「もし、もし、水に流されてしまっては、月に1度のつき合いでござんす」と大声して言ったが、ほうろく売りにはよく聞こえず、
　「年に1度か、年に1度か」と言いながら流されて行ったそうな。
　それで七夕さんは年に1度しかないんじゃと。
　そうじゃそうな、候えばくばく。
　（稲田浩二、稲田和子編『日本昔話百選』三省堂、1971、366-69）

〈資料34〉アザラシ女房（スコットランド）

　むかし、大きくみごとな漁船をもった若者がいた。夜が明けると若者はいつも海に出ていった。たぶん、うちで食べるために貝でもとりに行ったのだろう。
　ところではるか沖合に、船もめったに行かぬ無人島があり、四方に見えるのは海の水ばかりだった。島に名前があったのかなかったのかさえ、わしは聞いていない。そして、毎年1度あざらしたちが、もっとくわしく言えば11月12日なのだが、日が暮れると同時に、羊みたいに群れをなしてこの島にやって来て、衣を脱ぎ、きれいな人間の姿

になって1晩すごしてはまた海へ帰っていった。

　ちょうどそんなある晩、この若者が島へやってくると、1頭のめだって美しいあざらしがいるのに気がついた。海岸の岩の中に横穴があって、そこにかくれていると、あざらしたちはめいめい毛皮を脱いで人間の娘の姿になり、浜に集まってくるのが見えた。そして、若者が目をつけていたあざらしは、思ったとおり、人間の姿になったときもやはり美しい娘であった。彼女は、あざらしの衣を岩かげに置くと、舞いの輪に入って行った。娘らが手に手におどる姿は、それはみごとなものだった。彼女らは、どこからともなく聞こえてくる甘美な楽の音にあわせて夜明けまで舞い続け、それから浜に集まり、あざらしの衣を身につけはじめた。ところがその娘の衣だけ、どうしても見つからない。それも道理、実はこの若者が、こっそりとそれを盗んで来て、自分の船底にかくしていたのだからな。かわいそうに娘は泣き出すし、他のものが寄ってきてわけを聞き、たいへんな騒ぎになった。不思議なこともあるもんだ。こんな人里離れた島に人間がやってくるはずもないし、お前が置き場所を忘れたのではないのか、などと言いながら、それぞれ手分けして捜したのだが、もとより見つかるはずもない。

　とうとう他のあざらしたちは、娘に3週間たったら新しい衣をもって来てやるからと言って、海に帰って行くことになった。その間、どこか洞窟にでもかくれているようにと言ってな。みんなが行ってしまうと、娘はいっそういたましく泣きはじめた。ちょうどそこへ若者が飛び出して、いったいどうしたのかと尋ねた。娘は、——人間の姿をしているときには人間のことばをしゃべれるのだが——人の姿を見てずい分おどろいたが、もしも自分の衣をかくしたのがあなたなら、後生だからお返しください、とたのんだ。

　「いや、そんなものは見たこともない」と、若者は言った。「わたしはただ船で通りかかっただけで、きれいな音楽が聞こえてきたので、何だろうかと今しがた島に上がってきたばかりなんだ。どうしてお前の衣を盗む暇があるかね。」

　それから彼は、娘にどうしてそんなにおびえているのか、と尋ねた。あざらしの姿をしているときならそんなにおびえたりしないのだが、

人間の姿をしているときにはそうはいかないのである。そこで若者は、
「ではわたしといっしょにおいで、うちに来たらたいせつにしてあげるよ」と言った。彼女は仕方なく若者について行った。彼の言葉に偽りはなく、若者は娘に対してこの上なく親切であった。

しばらくすると、若者は娘に結婚を申し込み、娘はそれを承諾した。それからふたりにとってしあわせな月日が続き、3人のこどもをもうけ、はた目にもこの上なく平和な家庭であった。しかし、夫が海へ出ていくと妻はいつも落着かなかった。
「母さん、なぜ母さんは父さんがいなくなると、家中そんなに引っくりかえしたり捜しまわったりするの。」

上の男の子はもう6つになっていた。
「何でもないのよ。ただ整とんしているだけよ。」

やがて冬がくると、妻がここにきてから7年暮らしたことになった。そしてある日のこと、夫は漁に出ないで家の納屋で仕事をしていた。牛にやる麦をとり出しているとき、上の男の子がたまたまそばにいて、その麦のいれものの底に、何か見たこともないものがぬいつけてあるのを見てしまった。そして夕方になり、父親が外出しているあいだに、こどもはその見なれぬもののことを母親に話してしまった。母親は思いあたることがあるのでそれを見に行った。

次の日、母親はこどもたちに言った。
「さあ、今日は母さんがお前たち3人にうんとやさしくしてあげようね。父さんが帰られるまでにはだいぶ時間があるから、それまでにすごいごちそうを作ってあげますよ。夜になったら父さんも帰られるだろうけれど、それまでにお腹がすいたらいつでも食べられるように、たんと作っておいてあげようね。母さんは用事でちょっと出かけますけどね、お行儀よくしているんですよ。暗くなったときの用意にランプもつけておいてあげますけど、火事にならないように気をつけるんですよ。」

こどもたちはすっかり喜んで、ちゃんと言われたとおりにしますと言った。

やがて夜になり父親が帰ってみると妻がいない。こどもたちにどう

したのだときくと、彼らは今日あったこと、母親が言ったことを残らず話した。それで彼は一部始終を悟り、妻がもう帰ってこないことを知った。
(1972 年 12 月 18 日、シェトランド諸島サウスイェルのブルーシー・ヘンダーソンより、筆者採話)
(三宅忠明『スコットランドの民話』大修館書店、1975、92-95)

異類婚

異類婚を大別すると、① 人間（男）対動物、② 人間（女）対動物、③ 人間（男）対異界の女、となる。① に当てはまる話型に「鳥女房」「鶴女房」（木下順二はこれをもとに有名な戯曲『夕鶴』を書いた）「蛇女房」「魚女房」「狐女房」などがあり、② としては「蛇婿入り」「猿婿入り」、③ としては「天人女房」「龍宮女房」などがある（話型名は柳田國男『日本昔話名彙』による）。 ① および ② は日本をはじめ中国や朝鮮など特にアジアに分布が厚く、ヨーロッパにも多く類話が見られるのは ③ である。

国際比較

天女の概念は中国から伝わったものと考えられるが、アジア特有のもので、ヨーロッパでは鳥、白鳥、アザラシ等がこの代わりを演ずる。古代に限らず、自然の中で沐浴する場面は、地域によっては現代でも珍しいことではない。特に、若い女性が沐浴する姿は、一幅の絵画になる。

「……そんなとき、シダの葉かげで、お嬢様の真っ白な肌、真っ赤な唇が、青い水にたわむれる様子をご覧になれば、……」
(J. M. シング『悲しみのデァドラ』より)

第4章　魔法説話　147

（G. ドレ画）

このような場面を垣間見る機会は現在の日本ではあまりないが、近代まではごくありふれた光景であった。本話型の原点である。洋の東西に共通する点は、特定の女性の衣服をかくして結婚することである。その女性が異界から来たものである点も共通する。日本を含むアジアの話では、天界から来た女性であるのに対し、西欧のものでは、身近にいる鳥や動物がその皮を脱いで人間の姿になるという点で大きく異なる。

　ここにあげたアザラシは、スコットランド、アイスランド、ノルウェー等、特に北海を取り巻く地域に多く生息し、地上のヒツジと並んで住民の生活との関わりも深い。本話型以外にも、人間の女との結婚、あるいは悲恋ロマンスの話が多く伝承されている（たとえば、オークニーの西方に浮かぶスールス・ケリー島にまつわる伝説）。つづいて、白鳥などの鳥が、衣服（羽）を脱いで人間（女性）の姿になり、沐浴している間にその衣服をかくす話になると、ケルト圏のみならず一気にヨーロッパ全土から聞かれる。ただし、この場合には、ヒロインはもともと人間なのだが悪い魔法使いによって鳥の姿に変えられており、一時的に人間の姿にもどっていたという、別の話型からの借用、ないし融合したケースも多い。

　一方、わが国における「天人女房」譚は、近江国、丹後国をはじめとする各地の風土記に記載され、並行して全土で伝承されてきた。共通する点は、異類の女房が、ワラの下にかくされた羽衣を発見し、天上に帰って行くことである。物語の結末は、ここでストーリーが終わる場合と、夫が女房を追って天上に行き、その親から出された難題を（女房の援助で）解決し再び結ばれる場合と、さらに、難題解決に失敗（禁を犯）して再び別離を余儀なくされ、以後年に一度だけ再会を許されるという七夕起源に結びつけた場合に分けられる。先の共通点のところで述べた、ワラの下に（何よりも大切な）羽衣をかくしたり、禁を犯すことが大洪水と別離に結びついたりするこ

とは、稲作文化と密接に関わる。ワラ（稲）束は穀霊の宿るところであり、洪水は水の管理の重要さを暗示する。わが国特有の稲作文化に対する信仰については、次項の名前に関する考察も参照されたい。

5　援助者の名前
(AT 500　The Name of the Helper)

きわめて分かりやすい国際話型である。アールネとトムソンによれば、デンマークの90話、フィンランドの70話、スウェーデンの47話、フランス（ロビケ）の39話、などが目ぼしいところであるが、グリムのドイツは、96話を収めた一本（ランケ）が存在するくらいであるから別格である。これ以外に目ぼしい分布地域は、スカンジナビアに次いでロシア（キンカッチ・マルティンコ）、バルト三国、アイスランド（ギリトゥルット）、オーストリア（クルツィミュゲリ）、ハンガリー（ヴィンテルコルベ、パンツマンツィ）から、南はスペイン、イタリア（ロザニア）、ギリシアに及ぶが、やはりヨーロッパが大半である。

物語構成は以下のとおりである。

I　不可能な仕事（Impossible Task)
II　援助者との取り引き（Bargain with the Helper)
III　援助者退散（The Helper Overcome)

「大工と鬼六」の話を聞いたことのあるひとは、たちどころにわが国も重要な分布圏に入ることに気づかれよう。以下に、あまりにも有名なグリムの「ルンペルシュティルツヒェン」の梗概とイギ

スの代表的類話「トム・ティット・トット」および「大工と鬼六」を読み比べていただきたい。

〈資料35〉ルンペルシュティルツヒェン（グリム、要約）

　　むかしある国に娘自慢の粉やがいた。粉やは王様に「わしの娘はワラを紡いで金にできます」と自慢した。王様はさっそく娘を城に上がらせ、機織り機の前にすわらせた。そして、山のようなワラを指して言った。
「さあ、これを全部紡いで黄金にするのだ。もし出来なかったらお前の命はない」
　娘が途方に暮れさめざめと泣いていると、突然ドアが開いて、奇妙な小人が入ってきた。
「いったい何で泣いてるの」と言うので、娘がわけを話すと、「もしおいらがそれをしてやったら何をくれるかね」
「ネックレスを上げるわ」と娘が言うと、小人は機織り機に座り、瞬く間にワラを黄金に織り上げた。
　　王様が来てこれを見ると、とても驚き喜んだが、同時にますます黄金が欲しくなった。そこで、娘にさらに多くのワラを与え、これも金に紡ぐよう命令した。娘がまた途方に暮れていると、小人がやって来て、今度は何をくれるか、と言う。娘が指輪をあげようと言うと、小人はたちまちワラを黄金に紡ぎ上げた。
　　王様の欲望はますます高じ、さらに多くのワラを金に紡ぐように要求した。その代わり、これが出来あがったら、娘を自分の妃にすると約束する。ところが、娘にはもう小人に与えるものがない。すると小人は、「じゃあ、お前さんに生まれる最初の子どもをくれるかい」と言う。娘はそれを約束する。
　　月日が経ち、妃になった娘に玉のような赤ん坊が生まれる。一家が喜びの絶頂にあるとき、小人が妃のもとにやって来て、例の約束を思い出させる。妃が泣いて許しを乞うと、小人は、三日以内に自分の名前を当てられたら、許してやろうと言う。妃は徹夜でさまざまな名前

「よもや　ご存知あるまいな　おいらの名前が
ルンペルシュティルツヒェン　だっていうことを」
アーサー・ラッカム画

を思い浮かべ、家来を四方に放って珍しい名前を収集させる。
　翌日、小人がやって来ると、妃は知っている限りの名前を言ってみるが、全部はずれる。次の日も、同じように過ぎる。しかし、夜になって、家来のひとりが珍しい報告を持ち帰る。ある高い山に小屋があり、中をのぞくと奇妙な小人が、こんな歌をうたっていたと言うのである。

　　うれしいな、うれしいな、
　　今日も明日も　ごちそうだ。
　　次の日が来りゃ　もっとすごい
　　よもや　ご存知あるまいな
　　おいらの名前が
　　ルンペルシュティルツヒェン
　　だっていうことを

　これを聞くと、妃は心の中で飛び上がらんばかりに喜ぶ。三日目に小人が来ると、はじめは、ジョンなの、とか、トムなの、と言っているが、最後に、
　「ひょっとして、あんたの名前、ルンペルシュティルツヒェンって、いうんじゃないの」と言う。
　小人は、怒りと絶望の余り片足を床に踏み込み、引き抜こうとして股が裂ける。

〈資料36〉トム・ティット・トット（イギリス）

　むかし、おかみさんがパイを5つ焼きました。ところが、かまから出してみると、皮がかたすぎて、食べられません。そこで、むすめにいいました。
　「ねえ、おまえ、このパイをしばらく戸だなに入れといとくれ。そのうちにもどってくるだろうから。」
　「もどってくる」というのは、皮がやわらかくなるということだったのです。しかし、むすめのほうは、「母さんはパイがもどってくると

いったんだから、これはいまのうちに食べておこう。」といって、パクパク食べてしまいました。なにしろ、歯はじょうぶで、育ちざかり、5つともすっかりたいらげてしまいました。
　さて、夕食どきになると、おかみさんはむすめにいいました。
「ねえ、おまえ、戸だなへいってパイを出してきとくれ。きっともう、もどってるだろうからさ。」
　そこでむすめは戸だなへいってみましたが、もちろん、からっぽのお皿しかありません。
　むすめはひきかえすと、
「まだだよ、母さん。まだもどってないよ。」といいました。
「ひとつもかい。」おかみさんはびっくりしていいました。
「ひとつもだよ。」むすめは自信たっぷりにいいました。
「じゃあ、しかたがない。もどろうが、もどるまいが、夕食にするとしよう。」
「できっこないよ。」とむすめはいいました。「もどってないのに、どうして食べれるの。」
「いいんだよ。」おかみさんはいらいらしながら、「はやくいってとっておいで。いちばんいいのをね。歯がぐらつくといけないから。」
「いいも悪いもないわよ。」とむすめはふふくそうにいいました。
「だって、あたしがみんな食べちゃったんだから、もどってくるまでは食べられないよ。」
　おかみさんはびっくりしてとびあがりました。みごとにいっぱいくわされたのです。
　しかたなく夕食ぬきで戸口にすわり、糸まきぼうをとりだし、つむぎはじめました。こんな歌をうたいながら……。

　　むすめがパイを食べちゃった
　　5つもパイを食べちゃった
　　むすめがパイを食べちゃった
　　5つもパイを食べちゃった

ちょうどそのとき、王さまが通りかかりました。おかみさんがなにかうたっているのですが、ことばがよくききとれません。それで馬をとめてたずねました。
「おかみさん、おかみさん。いったいなんの歌だね。むすめさんがどうかしたのかね。」
　おかみさんは、むすめの大食いにすっかりたまげていたものの、ほかの人に知られたくはありません。まして王さまにはなおさらです。そこで、少しことばを変えてうたいだしました。

　　むすめが糸をつむいだよ
　　1日、5まきもつむいだよ
　　むすめが糸をつむいだよ
　　1日、5まきもつむいだよ

「5まきもだって。」と王さまは目を見はりました。「わしの国広しといえども、それほど糸をつむげるむすめの話はきいたことがない。いいかね、おかみさん。わしはいま、妃をさがしている。1日5まきも糸をつむげるむすめは、妃にまさしくうってつけだ。城にきて、1年のうち11か月のあいだは妃としてなんでもすきなものを食べ、すきなものを着、すきなだけあそんでよい。だが、のこりの1か月だけは仕事をして、1日に5まきずつ絹糸をつむいでもらう。もしこれができなかったら死刑だ。さあ、どうだい。この条件、悪くはないだろう。」
　おかみさんはすぐ承知しました。自分のむすめがお妃さまになるなんて、こんないい結婚話がどこにあるでしょう。日に絹糸5まきだって？　そんなもの、ずっとさきのことではないか。1年もあれば、どうにでもいいくるめられようし、だいいち、それまでに王さまのほうでわすれてしまうかもしれません。
　そういうわけで、むすめもその気になり、お妃になりました。そして、11か月のあいだ、それはそれは楽しいくらしをしていました。すきなものはなんでも食べられるし、すきなものを着て、すきなだけあそべます。そのうえ、王さまはとてもやさしくしてくれました。

ところが、10か月めくらいになると、そろそろ絹糸5まきのことが気になりはじめました。王さまはおぼえていらっしゃるのかしら。11か月めにはいると、むすめはそれを夢にまで見るようになりました。それにしても、王さまはなにもおっしゃいません。だからむすめは、ああ王さまはわすれているのだな、と思うこともありました。
　ところが、11か月めのさいごの日のことです。王さまはこのお妃をいままで見たことのないへやにつれていきました。まどはひとつあるだけで、なかには糸車といすがおいてあります。
　王さまはやさしい声でいいました。
「あすの朝から、おまえはここで仕事をするのだよ。食べものと材料はじゅうぶん持ってきてあげるからね。ただ、晩までに5まきつむげなかったら、おまえは首をはねられるのだよ。」
　さあ、どうしましょう。お妃はすっかりおびえてしまいました。もともと、ものぐさで考えのないむすめでしたから、糸のつむぎかたなどならったこともありません。だから、あすからどうしてよいか、すっかりこまってしまいました。だれにもてつだってくれとはいえません。それに、いまではお妃さまなのですから、お母さんでも、とても近づくことはできないのです。とにかくへやにかぎをかけ、いすにすわってはみたものの、どうすることもできません。ただないているばかりです。そのうちに、その美しい目は、なみだでまっ赤になりました。
　いつまでも、いつまでも、そうしてないていると、ドアの下のほうでなにか低いへんな音がしました。だれかがドアをたたいているのです。
　お妃は立ちあがって、ドアをあけました。するとそこには、なんともみょうな、小さな黒っぽい生きものがいました。長いしっぽがたえずくるくるまわっています。
「いったいなんでそんなにないてるの。」
と、その生きものは、ていねいにおじぎをしながらいいました。しっぽはあいかわらずくるくるとまわり、目にもとまらぬほどです。
「おまえなどには関係ないよ。」
とお妃は少しむっとしていいました。その生きものがなんとも気味悪

かったのです。
「ぼくがこわいのなら、しっぽを見るなよ。」とそいつはにやにやしながらいいました。「かわりに、ほれ、この足を見てくれよ。こっちはなかなかきれいだろう。」
なるほど、足には高いかかとがついて、弓のようにまがったくつをはいています。それはなかなかきれいでした。
それで、お妃は、しばらくしっぽのことをわすれ、こわさもすこしやわらぎました。だから、もう一度そいつが、なぜないているのかとたずねたとき、お妃はこういいました。
「おまえにいっても、どうにもならないのよ。」
「そりゃあ、いってみないとわからんよ。」といいながら、そいつはくるくるといっそうはやくしっぽをまわし、足を前につきだしました。
「さあ、いい子だから、ぼくにいってごらん。」
「まあ、話したって、これより悪くはならないでしょう。」そこでお妃はなみだをぬぐい、5つのパイのことから、いままでのことをすっかり話しました。
これをきくと、そのへんな生きものはまるでふきださんばかりで、
「そんなことかい。たったそれだけのことだったら、わけないや。」
というのです。「ぼくが毎朝材料をとりにきて、夕方までにはちゃんと絹糸5まきにしてとどけてやるよ。だけど、ただじゃあいやだぜ。」
お妃は、あまり考えぶかいほうじゃありませんが、このときばかりは少し用心しながらいいました。
「それで、かわりになにがほしいの。」
そいつは、ものすごいはやさでしっぽをくるくるまわすと、あのきれいなくつをつきだして、にやにやわらいながら、じっと横目で見るのです。
「こんなのでどうかね。ぼくの名前をあてることさ。ただし1日に3度きりだぜ。もしも1か月のうちにうまくあたらなかったら。」ここで、しっぽはますますはやくなり、さらに足を前につきだして、前よりいっそうにやにやしながら、「ぼくのお嫁さんになってくれるかい。」
1日3度で、まる1か月。お妃は、それだけ日にちがあればだいじょ

うぶと思いました。それに、このままではどっちみち首をはねられるのはわかりきっています。だから、すぐにこたえました。
「いいわよ。しょうちしたわ。」
　それをきくと、そいつのよろこびようはたいへんなものでした。しっぽはくるくる、顔はにこにこ、腰をかがめたり、足をぴょんぴょんさせたり、それこそ、うちょうてんそのものでした。
　さて、つぎの日になりました。王さまはまたお妃をつれてこのへやにやってきました。1日の食べものと糸車と、それに糸をつむぐ材料が山のようにおいてあります。
「さあ、いいね。」と王さまはいたわるようにいいました。「でも、わすれてはだめだよ。もし夕方までに絹糸5まきつむげなかったら、おまえの首ははねられるのだよ。」
　これをきくと、お妃はまたふるえだしました。そして、王さまがいってしまうと、へやにかぎをかけ、いまにもなきだしそうでした。と、そのときです。またあのみょうなもの音が、まどの下からきこえてきました。お妃が立ちあがってまどをあけますと、あの小さな黒い生きものが、まどのさんにちょこんとすわっているではありませんか。きれいなくつをはいた足をぶらさげ、あのしっぽはくるくるとものすごいはやさでまわっています。
「おはよう、ぼくのかわいい人。」と、そいつはいいました。「はやく、材料をおわたし。」
　そこでお妃はそいつに材料をわたし、まどをしめました。それから、どうしたと思いますか。せっせとごちそうを食べたのです。お妃は心ゆくまで食べました。
　そして夕方になると、まどのところでまたあのみょうな音がします。お妃は立ちあがってまどをあけました。するとどうでしょう。あの小さな黒い生きものが、5まきの絹糸をかかえて、立っているではありませんか。
　お妃を見ると、そいつはしっぽをすごいはやさでまわし、きれいなくつを、さあ見てくれといわんばかりに、前につきだします。それから、おじぎをして、にこにこしながら糸をお妃にさしだしました。そ

してそいつはいいました。
「さあ、かわいいお妃さん。おいらの名前はなんでしょう。」
　お妃はふかくも考えずにこたえました。
「ビルでしょう。」
「いいや、ちがう。」といって、そいつはまたしっぽをまわします。
「じゃあ、ネッドでしょう。」
「いいや、ちがう。」といって、そいつはますますはやくしっぽをまわします。
「じゃあ、えーと。」と、お妃はちょっと考えて、「マークかしら。」
「いいや、ちがう。」というと、そいつはげらげらげらわらいました。そして、目にもとまらぬほどしっぽをふりまわすと、どこかへいってしまいました。
　さて、王さまがはいってきますと、ちゃんと絹糸は5まきができあがっていました。王さまはとてもよろこびました。
「きょうはおまえの首をはねる命令を出さずにすんでよかったよ。ほかの日もぶじにすぎればいいのだがね。」
　それから王さまはおやすみをいって、へやにかぎをかけ、帰っていきました。王さまは、その美しいお妃がとても気に入っていたのです。
　つぎの日もたくさんの材料とおいしい食べものがはこびこまれました。するとあの小さな黒っぽいへんな生きものがまどをたたき、きれいなくつをつきだし、しっぽをくるくるまわして材料をうけとり、夕方にはちゃんと5まきの糸にしてもどってきました。それから名前をいわせるのですが、お妃にはうまくあてられません。するとそいつはげらげらわらいながら帰っていきました。
　さて、それから毎朝毎晩同じことがつづきました。お妃は毎晩3回名前をいうのですが、どうしてもあてられません。すると、その小さな黒いやつのわらい声は日に日に大きくなり、横目でお妃の顔をうかがいながら、とても気味の悪い顔つきをしてみせるようになりました。
　とうとうお妃は心配になり、せっかくのごちそうも食べないで、1日じゅうそいつの名前を考えるようになりました。あれにしようか、これにしようかといろいろ思いはつくのですが、どれもこれもあたり

ません。
　とうとうあしたがさいごという日になりました。夕方、絹糸を持ってくると、あの小さな黒いやつは、もうわらいがとまらず、ものもいえないほどでした。
「ヒヒヒヒ、おいらの、ヒヒヒヒ、名前は、ヒヒヒヒ、わかったかね。ヒヒヒヒ……」
「ニコデマスでしょう。」
「いいや、ちがう。」といって、そいつは目にもとまらぬほどはやくしっぽをまわします。
「サムエルかしら。」と、お妃はきげんをとるようにいいました。
「いいや、ちがう。」と、そいつはクスクスわらい、意地の悪そうな顔をしてみせます。
「それじゃあ、えーと、メシューセラーだわ。」と、お妃はもうなき声です。
　するとそいつは火のついた石炭みたいな赤い目でお妃をじっと見つめ、「いいや、ちがう。さあ、もうあしただけだよ。もしもあしたあてられなかったら、おまえさんはおいらの花嫁さん、イヒヒヒヒ。」とわらいました。
　そして、その小さな黒い生きものは、目にもとまらないほどはやくしっぽをまわしながら、帰っていきました。
　さて、お妃はもう悲しくて悲しくて、なき声も出ません。でも、王さまの足音がきこえると、むりに楽しそうな顔をして、なんとかわらってみせようとしました。王さまは、
「よくやった。妃よ。ちゃんと5まきあるな。おまえの首をはねずにすんでよかった。もうだいじょうぶだ。」といって、召使いに食べものと自分のいすを持ってこさせ、お妃とふたりならんで腰かけました。
　でも、お妃は食べものものどを通りません。あの小さな黒いやつのことが頭からはなれないのです。ところが、王さまはひと口かふた口食べたとき、なにを思いだしたのかきゅうに大声でわらいだしました。
「なぜそんなにおわらいになるのですか。」と、お妃はちょっとふふくそうにいいました。

「いやなに、きょうはちょっとおもしろいものを見たのでね。狩りのとちゅうで、いままでいったこともないところへいったんだ。森のなかに古い石切り穴があってね、そのなかからなんともきみょうなブンブンという音がきこえてくるんだよ。わしは馬からおりて、なんの音かたしかめてやろうと思い、そっと穴のふちに近づいてみたんだ。そして、なかを見ると、これはおどろいたね。いったいなにがいたと思う。なんともみょうちきりんな、ちっぽけな、黒っぽいへんな生きものがいるじゃあないか。しかもそいつが、いっしょうけんめい糸をつむいでいるんだ。その糸車のまわるのもはやかったが、そいつのしっぽのまわるほうがもっとはやいんだ。ビュルルル……ってね。あれはまったくこの世のものじゃないね。しかも、その足にはまたみょうちきりんな、そりまがったくつをはいていて、それがあがったりさがったり、まあ目にもとまらんほどだったよ。そして、おかしいのは、そいつが糸をつむぎながら、ずっと鼻歌をうたっているじゃあないか。なんでもこんな文句だったな。」

「おいらの名前がわかるかな
　トム・ティット・トットとは
　どこのだれにもわかるまい」

　さて、これをきくとお妃は、もううれしさのあまりとびあがりたい気持ちでした。だけど、じっとこらえて、なにもいわないでいました。そして、晩ごはんをとてもおいしく食べたのです。
　あくる朝、あの小さな黒っぽいやつが材料をとりにきたとき、お妃はだまっていました。もっとも、そいつの顔ときたら、とても意地悪そうで気味が悪く、とてもわらう気にもなれなかったのです。まあ、そのほうがよかったのでしょう。
　そして夕方になると、まどをたたく音がしました。お妃はしょげた顔をして、こわごわとまどをあけました。すると、そいつときたら、あつかましいことこのうえなしで、のっそりとへやにはいってくるではありませんか。そのわらい顔の気味悪いこと。それにあのしっぽの

まわること、まわること。もう目にとまるどころではありません。
「さてと、イヒヒヒ……」といいながら、そいつは糸をわたします。
「おいらの、ヒヒヒヒ、名前は、ヒヒヒヒ、わかったかね。」
　お妃は、しばらくだまっていましたが、とてもおびえたようにいいました。
「あ、あんたは、えーと、ソ、ソロモンでしょう。」
「いいや、ちがう。」そいつは、横目で見ながらにたりにたりとわらっています。そして、もう1歩お妃のほうに近よりました。
　お妃は、もうこわさのあまり口もきけないふりをして、いいました。
「じ、じゃあ、……あ、あ、あんたは、えーと、あの、ゼ、ゼベディーさんね。」
「うんにゃ、ちがう。」
　このばけものは、うれしくてたまらないようすです。それにもうお妃のすぐ前まできていました。そして、その気味悪い黒い手をニューッとのばしながら、そのしっぽときたら、ウワー、そのしっぽ、しっぽ……
「いいから、ヒヒヒヒ、ゆっくり、ヒヒヒヒ、考えるんだよ、ヒヒヒヒ。」
　もうそいつのわらい声ときたら……とてもまねができません。そして、小さな黒い目はもうお妃をなめまわすようです。
「ヒヒヒヒ、ゆっくり、ヒヒヒヒ、考えな。ヒヒヒヒ、もう一度っきりだぜ、ヒヒヒヒ、そしたら、あんたは、ヒヒヒヒ、おいらの花嫁さんだ、イヒヒヒヒ。」
　お妃は思わず1歩うしろにさがりました。ところが、ここでお妃はきゅうにわらいだしました。そして、そいつを指さしていいました。

　　　「おいらの名前がわかるかな
　　　　おいらの名前がわかるかな
　　　　ウフフフフ
　　　　あんたの名前は
　　　　トム・ティット・トットって

いうんでしょ。」

　これをきいたときの、その小さな黒いやつのさけび声は、とてもこの世のものとは思えませんでした。しっぽはのびてだらりとたれ、両足はぐにゃぐにゃになってしまいました。それでも、やっとの思いでやみのなかにとびだしていき、それっきりそいつのすがたを見た者はありません。
　お妃は王さまといつまでもしあわせにくらしました。
　（三宅忠明訳『世界むかし話イギリス』ほるぷ出版、1988、92-110）

〈資料37〉 大工と鬼六（日本）

　むかしあるところに、たいそう流れの早い川があったと。なんべんも橋をかけたことはあるのだが、かけるたんびに押し流されてしまう。
　「なじょ（どう）したら、この川に橋をかけられるべ」と、村の人らはひたいを集めて協議をしたそうな。
　「この近在で一番名高い大工どんに頼んだがよかんべ」
　「うん、それだ、それだ」
　みんなの考えがまとまって、使いを出してその大工どんに頼みに行ったと。
　とびきり腕のいい大工どんは、「うん」と引き受けたものの、どうも心配でならん。そこで橋かけを頼まれた川へ行って見たそうな。岸につくばんで、
　「なるほど、流れがきつい上に川の幅も広いときた。はてさて、これはとんだ仕事を引き受けたわい」
と、こわいように奔る水を見つめておった。すると大きな泡がブクブクと浮かんで、ぶっくりと大きな鬼が頭を出した。
　「いやあれ、名高い大工どん、お前は何を考えておりゃあ」
と、ものを言いかけたそうな。
　「うん、おれは今度ここへ橋かけを頼まれたもんで、なじょ（どんなに）しても、がんじょうな橋をかけたいと思ってな、考えておるとこ

ろだ」
　鬼は、あきれた顔でこう言った。
　「とんでもねえ話だ。お前がいくら上手(じょうず)な大工でも、ここさ（ここに）橋はかけられねえ。けれどもお前がその目ん玉をよこすならば、おれが代わって橋をかけてやってもよかんべ」
　「おれはどうでもいいがの」
大工どんは、目ん玉よこせとはあんまり急な話なので、なま返事をしてその日は家へ帰ったそうな。
　またそのあくる日行って見たらば、なんと、橋が半分かかっており、また次の日、見に行ったら橋が立派にでき上がっておる。向こう岸からこっちまで、見事な腕前だ。大工どんがたまげて見ておると、鬼がぶっくりと出て来て、「どうだ、橋をかけたろう。さあ、目ん玉あよこせ、やい」と、しずくのたれた顔で言うのだった。大工どんは、あわてて、
　「ま、ちょっと待ってくろ。今日はだめだ」
と言いおいて、当てもないのに、ごんごんと山の方へ歩いて行った。「おらはどうしたらよかんべ、おらはどうしたら……」とひとりごとを言いながら、山の中をあっちこっち、ふらふら歩いておると、遠くの方から、子どもらの歌い声が聞えてきた。

　　早く　鬼六(おにろか)あ
　　目(め)なく玉あ
　　持って来(こ)ばあ
　　ええなあ

　大工どんはそれを聞くと、はっと本性(ほんしょう)にかえって、家にもどって寝た。
　次の日に大工どんがまた橋のところまで行くと、すぐに鬼が浮いて出て、
　「やい、はやく目ん玉あよこせ」
と、さいそくした。

「おれの大切な目のことだ、もう少し待ってけろ」
　大工どんが頼むと、
　　「それほど目ん玉が惜しくって、おれによこすのがいやかい。なら、このおれの名前を当ててみろ。みごと当てたらば目ん玉は許してやろう。だがお前なんぞにとっても当てられまいなあ」
　そう言って、鬼はにかりにかりと笑った。大工どんは、よしきたとばかり、
　　「お前の名前は、強太郎（つよたろう）だ」
　とか何とか、出まかせを言ってやった。
　　「アハハハ、そんなんでねえぞ。なかなか鬼の名前が言い当てられるもんかよ」
　鬼は子どものように喜んだ。
　　「そうか、そんならお前は、鬼のおん吉」
　　「うんにゃ、違う」
　　「今度こそ当てるぞ、つの兵衛（べえ）だ」
　　「うんにゃ、違う、違う」
　大工どんは、一番しまいに、うんと大きな声で、
　　「鬼六っ」
　と叫んだ。
　　鬼はぽっかっと消えてしまって、それっきり姿を見せんと。
　　（稲田浩二、稲田和子編『日本昔話百選』三省堂、1971、122-25）

名前当て

　本話型の中心テーマが、名前当てであることは言うまでもない。しかも、名前を当てて撃退する相手は、自分の窮地を救ってくれたもの、そして魔性のものであるところまでは全世界に共通する。比較考察に入る前に、この名前について一言しておきたい。
　言語を手に入れた人類は、まず身の回りの物に呼び名をつけることを覚え、次いで自分たちのひとりひとりを名前で呼ぶことを覚え

第4章 魔法説話　165

た。従って、初期の頃の人名は、体格や外見的特徴による、「赤毛のメウシ」とか「ノッポのヤギ」あるいは、アメリカ先住民などでは「座るオウシ」「黒いタカ」などという、いわば今日的にはニックネームが正式な呼び名であった。現在のように、世界的に姓と名による人名が定着したのはそれほど古いことではない。そういった意味では、ジュリアス・シーザー（カエサル）、イエス・キリストなどは、例外的にふたつの名前を持った例である。同時代か、それ以前の人名には、こういった例を見ない。曰く、「クレオパトラ」「ホメロス」「アレクサンダー（大王）」。わが国でも、江戸時代まではごく限られた特権階級にのみ名字が許されていただけではないか。

　名字の概念については、ケルト、ノルマン、ゲルマン諸民族の、「・・・の子」を意味する、「マック」（スコットランド系、マクロード、マクドナルド、マッカーサー、等）、「オ」（アイルランド系、オサリバン、オニール、オブライエン、等）、「ド」（フランス系、ド・ゴール、等）、「フォン」（ドイツ系、フォン・ブラウン、フォン・シュトラスブルク、等）は、支配階級に属するひとつの大きな流れである。なお、スラブ系では、同じ家族でも、男女によって、「—スキー」、「—スカヤ」のように名字が異なることは周知のとおりである。庶民階級については、職業やそれに関する事物が名字を形作ることが多い。ご存知の向きも多いと思うが、英語圏でもっとも多い名字は「スミス」（Smith、かじ屋）である。その他、「テイラー」（Taylor、仕立て屋）、「ベイカー」（Baker、パン屋）、「ハンター」（Hunter、狩人）などと枚挙にいとまがない。「ブッチャー」（Butcher、屠殺人、肉屋）、「サッチャー」（Thacher、屋根ふき職人）なども当然ながらこれに属する。日本の名字を調べてみると、面白い事実に行き当たる。もっとも多く使われる漢字は「田」と「藤」である。しかも種類からいうと、前者が

圧倒的に多い。きわめて一般的な「佐藤」「伊藤」「斉藤」「藤原」等に集中する後者に対して、「田」の前か後に、形状を表す「大、中、小、丸、角、長、細」等、位置を表す「上、中、下」、地形を表す「山、岡、森、谷、野、川、島」等、代表的樹木である「松、杉、桧」、鉱物の「金、石、岩、水」、方向の「東、西、南、北」、色の「赤、青、黒」等の漢字を加えれば、日本人の名字になるのである。同じ稲作地域である、韓国や中国にはこの傾向は見られない。特に韓国では、「金（キム）」「朴（パク）」等、わずか数個の名字で全体の大半を占めるのである。こういった事実からも、わが国における稲作、特に「米」に対する信仰と言ってもよいほどの思い入れがうかがえよう。以上のような、名前の意味、その由来、などを国際的に比較しても、結構「比較文化論」の一テーマとなりうるとは思うが、本書の執筆目的はそればかりではないので、ここから後は読者の興味と関心に任せよう。

比較考察 ― 仕事

　前項の「名前」に関する考察では、国際的な相違点よりむしろ類似点、共通性が際立ったが、「仕事」の内容に目を転ずると、顕著かつ興味深い相違点が目につく。ほぼヨーロッパの全域で聞かれるこの話型は、アジアではなぜか日本のみに分布が厚い。少なくとも今までの調査では、中国でも韓国でも類話は報告されていない。したがって、ここでは主として日欧の比較を試みたい。日本における仕事の内容は、すべて「急流に（絶対流されない）橋をかける」ことであり、ヨーロッパでは大半が「（不可能な量の）糸を紡ぐ」ことである。グリムの「わらを紡いで黄金にする」とか、スコットランドの「ワップティー・ストゥリー」のように「死にかけたブタを助ける」などの例外もあるが、基本は「糸紡ぎ」である。このきわ

めて生活に密着した仕事内容の比較から、日欧の生活背景、特に地形、気候、風土などの違いが鮮明に読み取れるではないか。日本の河川は急流が多く、現代はいざ知らず古代においては、交通路というよりその障害になることの方がはるかに多かった。一方ヨーロッパでは、一部の山岳地帯を除けば、ほとんど平地に近く、河川はいずれも緩やかで早くから重要な交通路として利用されていた。次に、気候を比べてみると、亜熱帯に近く比較的高温な日本に対し、ヨーロッパは相対的に気温が低く、一万年余り前のあの氷河時代を生き存えるために、ヒツジと羊毛は不可欠であった。食糧としてもさることながら、寒さより身を守る衣類とその材料となる糸紡ぎが、早くから大きな関心事となった所以である。

6 「桃太郎」の国際性 ― 世界の鬼退治譚

「桃太郎」が国際話型であると言えば、相当の異論も出てこよう。確かに、これとまったく同じ構成要素を持つ民間説話は、世界中探しても見当たらない。しかし、個々のモチーフを見れば、いずれも非常に国際性が高いことが分かる。以下、順を追ってこの点を検討してみよう。

アールネとトムソンにならって「桃太郎」を物語構成に分ければ、以下のようになる。

I 誕生
II 怪力（能力）の発揮
III 旅立ち（仲間の獲得）
IV 鬼退治

V　凱旋

　この物語構成に従って、次の各資料を読み比べてみよう。

〈資料38〉桃の子太郎

　　　なんと昔があったそうな。
　　　むかし、じいさんとばあさんとおったそうな。じいさんは山へ木を
こりに、ばあさんは川へ洗濯に行ったそうな。洗濯しとったところが、
川の上（かみ）の方から大きな桃が、ドンブリ、カッシリ、スッコンゴウ、ド
ンブリ、カッシリ、スッコンゴウと流れて来たそうな。ばあさんがそ
れを拾うて食べてみたところが、とってもうまいそうな。こりゃ、じ
いさんにもあげようと思うて、
　「もう一つ流れい、じいさんにあげよう。もう一つ流れい、じいさん
にあげよう」言うたところが、大きな桃がまた流れて来たそうな。そ
れを杓（しゃく）でひょいとすくうて、持って帰ると戸棚にいれておったと。
　　　昼飯時（ひるめしどき）になって、じいさんが帰って来た。
　「じいさん、じいさん、今日は大きな桃を拾うてきた。まあ、二人で
食べようや」
　　出して切ろうとしたら、ぽかっと桃が二つに割れて、男の子が、
　「オヤア、オヤア」と元気に泣いて出たそうな。
　「おや、こりゃあ、桃かと思うとったら、じいさん、なんと男の子が
できた」
　「ほんによかった、よかった。まあかわいがって大きゅうしてやろう」
　「家には子どもがなかったのに、思いもかけずに子を授かって、うれ
しいことじゃ。桃からできたんだけん（生まれたのだから）、桃の子太
郎いう名にしよう」
　「桃の子太郎や、桃の子太郎や、ちょっと抱かせてみい」言うて、じ
いさんとばあさんの、手から手に渡ってかわいがられた。飯も魚もた
んと食べさせたところが、食べるもんがみな身になって、大きゅうなっ
たそうな。

桃の子太郎のからだは、もう山仕事ができるほどにがっしりしてきたと。ある時、近所の人が誘いに来た。
「桃の子太郎さん、いっしょに山へ行きましょうえ」
「いんや、今日は、背な当てをなわにゃならん」と言うて行かん。
あくる日また近所の人が来て、
「桃の子太郎さん、山へ行きましょうえ」と言うと、
「いんや、今日はわらんず（わらじ）作らにゃならん」と言うて行かん。
その次の日に、
「行きましょうえ」と言うて来たら、
「今日は鎌をとがにゃならん」と言うて動こうとせん。なんたら（なんという）横着太郎かと思うておると、四日目に、ようよう（やっと）腰を上げて山へ行った。行ったところが、桃の子太郎は昼寝ばっかりして、弁当食べる時、起きただけじゃ。晩方になってしもうたんで、近所の人が、
「桃の子太郎さん、もう去（い）にましょうや」言うたら、桃の子太郎は
「ワー」と大あくびをして起きあがって、大きな木を、切らずに引き抜いてかたいでもどった。
「ばあさん、もどったで」と、声がするから出てみたら、ふりかたいでもどったのは、ぎょうさん（とっても）長い大木じゃげな。
「どこへ置こうか、かどはな（庭さき）へ置こうか」言うけえど、かどはなへ置きゃかどが砕けるで、こらえてもろうた。
「そんなら軒下へ置こうか」言うけえど、軒下へ置きゃあ、軒下が砕けるで、こらえてもろうた。とうとう谷川へドオンと投げたから、地響きがして山がゴオッと鳴ったちゅうわい。
「なんたら、大きな木なら」
「なんたら、強力（ごうりき）ならや。桃の子太郎は」
じいさんとばあさんがあきれているところへ、殿様の使いがやって来た。「ありゃあ、何の音か、見てこい」との仰せじゃそうな。
あれは桃の子太郎が大きな木を引き抜いて、川へ投げとる音じゃと聞いて、殿様はひざをポンと叩いたと。
「それじゃ、ひとつ鬼退治に行かそう。桃の子太郎を呼べ」と、さっ

そく命令が下って、「鬼が島へ鬼退治に行け」と言われた。
　じいさんやばあさんが心配して、そんならまあ、日本一のきび団子をこしらえたろうと、おばあさんは臼をゴーリン、ゴーリン挽いて、とうきび団子の大きなのを三つしてやった。桃の子太郎は、それをかずらで腰にゆわえつけて行きょうた。
　行きょうたところが犬が出てきて、
「桃の子太郎さん、桃の子太郎さん、どこへ行きなさりゃ」
「鬼が島へ鬼退治に行く」
「あんたの持っておられるのは何ですりゃあ」
「やあ、こりゃあ、日本一のきび団子」
「そんなら一つ私に下さいな。お供します」
「一つは、どうなん（いけない）、半分やる」
　そこで、きび団子を半分もろうて犬がついて行きょうるそうな。今度は向こうから猿が出てきて、
「桃の子太郎さん、桃の子太郎さん、どこへ行きなさりゃあ」
「鬼が島へ鬼退治に行く」
「あなたの腰の物は何ですりゃあ」
「こりゃ日本一のきび団子」
「そんなら、一つわしにも下さいな。そうすりゃ、わしもついて行きます」
「一つは、どうなん、半分やる」
　猿もきび団子をもろうてついて行きょうたら、今度はきじが出てきたそうな。
「桃の子太郎さん、桃の子太郎さん、犬さんや猿さんを連れて、あなたはどこへ行きなさりゃあ」
「鬼が島へ鬼退治に行く」
「お腰の物は、何ですりゃあ」
「こりゃ、日本一のきび団子」
「わしにもそいつを一つ下さい。そうすりゃ、わしもついて行く」
「一つは、どうなん、半分やる」
　そこできじにもきび団子をやって、桃の子太郎は犬、猿、きじを連

れ、ワンワン、キャッキャッ、ケーンケーンバタバタ行くそうな。
　鬼が島へ行ってみたら、鬼は、大きな門をぴしゃんとしめてしもうて、はいらせん。きじがパアと翔って門を越え、内から開けて、
「さあ、行けえ」というようなことで、どおっとはいって行った。
　鬼は「なに、桃の子太郎がなんだ」とばかにしてかかってきたが、なにしろ、こっちの四人は、日本一のきび団子を食べておるけん（食べているから）、千人力ほど強うなっとる。鬼を端から端からやっつけるそうな。きじは鬼の顔をつっつく、猿は、ひっかくし、犬は足に食いつくそうな。鬼はとうとう負けてしまった。鬼の大将は桃の子太郎の前に手をついて、大きな目から、涙をたらしたらし、
「どうぞ命ばかりはこらえてつかあさい（ください）。ここにある宝物は、全部あげますけえ」言うて詫びを言うんだそうな。
　桃の子太郎は宝物を車に積んで、犬や猿やきじやみんなで、エンヤエンヤ車を引っぱったり、後を押したりしてもどったそうな。
　むかしこっぽり。
　（稲田浩二、稲田和子編著『日本昔話百選』三省堂、1971、263-69）

〈資料39〉桃太郎（要旨）

　昔むかし、あるところに、おじいさんとおばあさんがいました。ある日、おじいさんは山へ芝刈りに、おばあさんは川へ洗濯に行きました。すると上流から大きな桃が「ドンブラコッコ、ドンブラコ、ドンブラコッコ、スッコンコ」と流れてきました。おばあさんはおおよろこびで、この桃を家に持って帰りました。おじいさんが山から帰って来るのを待って、おばあさんは包丁でこの桃を切ろうとしました。すると、桃がひとりでにパカッと割れて、中から元気な男の子が飛び出して来ました。赤ん坊は、桃から生まれたのだからといって「桃太郎」と名づけられました。
　桃太郎は、日に日にすくすくと育ち、やがて六尺を越す大男になりました。ところが、毎日毎日食って寝るだけで、少しも働こうとしません。おじいさんとおばあさんは、心配になって近所の若者たちに、

仕事にさそってくれと頼みました。そこで、毎朝若者たちが山仕事にさそいに来ます。
「桃太郎さん、山に芝刈りに行こうよ」
「わしゃあ、今日は眠たいけん、山にゃあ行かん」
「桃太郎さん、山に薪を作りに行こう」
「今日は大儀なけん、わしゃあ行かん」
「桃太郎さん、今日は山に木を切りに行こうよ」
　若者たちが、あんまり毎日さそいにくるし、おじいさんもおばあさんも熱心にすすめるので、桃太郎さんはやっと腰をあげ、若者たちについて山に行った。
　ところが、若者たちが仕事を始めても、桃太郎は木の切り株を枕に、ぐうぐう寝てばかりいる。昼になって、みんなが弁当を開くと、桃太郎はむっくり起きあがって、むしゃむしゃと人の何倍も食べる。これから仕事をするのかと思うと、また木の切り株を枕に大いびきだ。そのうち、日が西の空に傾き、みんながそろそろ帰り支度をはじめると、桃太郎はむっくりと起きあがり、何人もかからぬと抱えられないような大木を「エイヤッ」と引き抜き、軽々と肩にかついだ。そして、驚きの目を見張っている若者たちに向かって声をかけた。
「さあ、そろそろ帰ろうか。」桃太郎は軽々と大木をかついで家に帰った。
　その頃、鬼が島の鬼どもがまたまた大暴れをしだした、という噂が伝わってきた。桃太郎は、おばあさんに、「わしが鬼が島へ鬼退治に行く。日本一のキビダンゴを作ってくだされ」と言った。
　（以下、文部省唱歌）

〈資料40〉桃太郎（1911年、文部省唱歌）

　　1　桃太郎さん　桃太郎さん
　　　お腰につけた　黍(きび)団子
　　　一つわたしに　下さいな

2　やりましょう　やりましょう
　　これから鬼の　征伐(せいばつ)に
　　ついて行くなら　やりましょう

3　行きましょう　行きましょう
　　あなたについて　何処(どこ)までも
　　家来(けらい)になって　行きましょう

4　そりゃ進め　そりゃ進め
　　一度に攻めて　攻めやぶり
　　つぶしてしまえ　鬼が島

5　おもしろい　おもしろい
　　のこらず鬼を　攻めふせて
　　分捕物(ぶんどりもの)を　エンヤラヤ

6　万々歳　万々歳
　　お伴の犬や　猿雉子(きじ)は
　　勇んで車を　エンヤラヤ

〈資料41〉ペルセウス（ギリシア神話）

　ゼウスとダナエの息子。アルゴスの王であった祖父アクリシオスは娘の生んだ息子によって殺されるであろうという予言を恐れて、娘ダナエを青銅の塔ないし青銅の扉のついた塔の中に幽閉したが、ペルセウスはその中で生まれた。ゼウスはダナエを見て、彼女を欲し、彼女を手に入れようと黄金の雨に姿を変えて彼女の膝に降った。そのためダナエは身ごもった。赤子のペルセウスが生まれたとき、恐れをなしたアクリシオスは娘と危険な子供の命をともに断とうと考えて、2人を箱に入れて海に流した。しかしゼウスが彼らを護り、2人はセリポス島に無事に漂着した。（中略）

ペルセウスはこの翼のある靴と魔法の帽子を使って、オケアノスの流れの上を飛んで渡り、ゴルゴンたちが住む岸辺にやって来た。彼女たちはちょうど眠っていたが、ペルセウスは不死身のステンノとエウリュアレを避け、青銅の楯に映る姿を見ながら、メドゥサの方へ近づいた。ゴルゴンの顔を直視すると、すぐに石になってしまうからである。それから彼はヘルメスからもらった剣でメドゥサの首をはね、持っていた袋の中にしまった。目をさまして飛びかかって来たステンノとエウリュアレは、彼が帽子をかぶって身体を見えなくすると、追跡できなくなった。こうしてペルセウスは首尾よく逃げおおせた。

　オウィディウスの説によると、ペルセウスは嵐にもてあそばれたあと、ギリシアに戻る途中、アトラスの領土を通って行った。ペルセウスの父がゼウスであると聞いたアトラスは、かつてテミスがいつの日かゼウスの息子がヘスペリスたちの護るりんごを盗むだろうと彼に予言していたので、ペルセウスを力ずくで追い払おうとした。オウィディウスはさらに、怒ったペルセウスがメドゥサの首を見せてアトラスを石に変え、天空がかかる広大な山にしてしまったと伝えている（これは一般に知られている黄金のりんご探しの話と矛盾する。その話は数世代もあとになってからのものなのに、アトラスはまだ生きていることになっているからである）。

　ペルセウスはエジプト上空を飛び、そこのケムミスで先祖の住み家を見た。それからフェニキア海岸に沿って飛びながら下を見下ろすと、海の怪物の餌食にされるために岩に縛りつけられているアンドロメダが見えた。母カッシオペイアが娘のことを自慢した罪のために、娘のアンドロメダがこのような目にあわなければならないと、アムモンの神託が命じていたのである。

　アンドロメダの父でイオッペ王であったケペウスは、もしペルセウスが怪物を退治してくれるなら、王国を持参金としてつけて娘を妻として与えようと言った。そこでペルセウスはアンドロメダを食おうと泳いで近づいてきた怪物を襲い、ヘルメスの剣で殺した。

　（西田実他編『ギリシア・ローマ神話事典』大修館書店、1988、
　　497-98）

〈資料42〉ベーオウルフ（イギリス、西暦11世紀頃）
（英文・和文三宅忠明、イラスト久保田彩子。初出『NHKラジオ基礎英語』1〜3月号、日本放送出版協会、1990）

1

Beowulf and the Sea-monster

Many thousand years ago, the king of Denmark had a great hall near the sea. His knights and musicians had a merry party every night.

何千年も昔、デンマークの王様が海の近くに大きな集会場をもっていました。彼の騎士や楽士たちは、毎晩たのしいパーティーをひらきました。

> One night, a big sea-monster called Grendel attacked the hall and killed thirty knights. He did not like the noise.
>
> ある晩、グレンデルと呼ばれる海の怪物が集会場を襲い、30人の騎士を殺しました。騒音が気にいらなかったのです。

The next night Grendel came again. The king's soldiers fought with him bravely, but another thirty of them were killed.

つぎの晩もグレンデルはやってきました。王の兵士たちは勇敢に闘いましたが、またも30人が殺されました。

This happened every night. The king became sad and unhappy, for there was no one around him strong enough to beat Grendel.

毎晩30人が殺されました。王様はかなしくみじめになりました。なぜなら、グレンデルを負かせるほど強い家来がひとりもいなかったからです。

第4章　魔法説話　177

The news of the sea-monster travelled across the sea and reached the ear of Beowulf, sister's son to the king of Sweden.

この海の怪物のニュースは海を渡って，スウェーデン王の甥ベーオウルフの耳にとどきました。

Beowulf sailed to Denmark with fourteen young men to fight with Grendel.

ベーオウルフは14人の若者とともに，グレンデルと闘うため船でデンマークにやってきました。

The king of Denmark was very glad to meet Beowulf, for he heard that Beowulf was as strong as thirty men.

デンマーク王はベーオウルフに会ってとてもよろこびました。なぜなら，ベーオウルフは30人力と聞いていたからです。

Beowulf and his fourteen men waited for Grendel to come in the hall.

ベーオウルフと14人の仲間たちは，集会場でグレンデルがくるのを待ちました。

Grendel came as usual and a great fight began. Grendel thought that tonight's enemy was stronger than any other he had ever met.

グレンデルがいつものようにやってくるとすごい戦いがはじまりました。グレンデルにとって今夜の相手は今までのだれよりもてごわいものでした。

第4章 魔法説話　179

The terrible fight lasted for many hours. Nobody could tell which was stronger, Beowulf or Grendel.

すさまじい戦いが何時間もつづきました。ベーオウルフとグレンデルのどちらが強いか，だれにも分りませんでした。

At last, Beowulf cut off Grendel's arm with his mighty sword.

ついに，ベーオウルフはその剛剣でグレンデルの腕を１本切り落しました。

With a wild cry, Grendel went back into the sea. They all knew that Grendel was going to die soon on the bottom of the sea.

ものすごい悲鳴をあげて，グレンデルは海の中に帰って行きました。みんな，グレンデルはやがて海の底で死ぬにちがいないと思いました。

第4章 魔法説話　181

2
The Witch's Revenge

The king of Denmark thanked Beowulf for his brave deed.
However, on the bottom of the sea Grendel was lying still alive.

デンマーク王はベーオウルフの勇敢な行いに感謝しました。
しかし，海底ではグレンデルがまだ生きて横たわっていました。

"Who did this to you, oh, Grendel, my dear son?" said his mother, the sea-witch.

「おお，いとしいわが子グレンデルよ，いったいだれがお前をこんな目に？」と，母親の海の魔女がいいました。

"Beowulf, the man from Sweden," answered Grendel in a weak voice. Grendel's mother knew that her son was soon dying.

「スウェーデンからきたベーオウルフだ」と、グレンデルは弱々しく答えました。
グレンデルの母親は、息子が間もなく死ぬことを知りました。

Then she decided to avenge her son on Beowulf.

そこで彼女はベーオウルフに対して息子の仇を討とうと決心しました。

The sea-witch went up to the king's hall. The knights and musicians were drinking and singing merrily again. The witch attacked them suddenly and killed many of them. She was even stronger than her son, Grendel. Finally she caught a knight whom the king loved most and carried him to the bottom of the sea.

海の魔女は王の集会場にやってきました。騎士や楽士たちがふたたび、楽しげに飲んだり歌ったりしています。魔女は彼らに不意に襲いかかり、大勢を殺しました。母親の方が息子のグレンデルより強いくらいでした。さいごに彼女は王様がいちばん気に入っていた騎士をとらえ、海底にさらって行きました。

第4章　魔法説話　183

The king was sad and unhappy again. When Beowulf heard this, he said he would fight with the witch, too.

王様はふたたびかなしくみじめな気持になりました。ベーオウルフはこれを聞くと、その魔女とも戦おうといいました。

Beowulf and his men went to the shore, but Beowulf alone dived into the water.

ベーオウルフとその家来たちは海辺にやってきました。しかし、ベーオウルフだけが水中にもぐって行きました。

When Beowulf reached the bottom, he saw the king's knight and Grendel both lying dead.

海底にきてみますと、王様の騎士とグレンデルがともに死んで横たわっていました。

"You killed my son, Grendel," said the sea-witch. "So I killed this man. And now I will kill you."

「お前はわたしの息子グレンデルを殺した」と、海の魔女がいいました。「だからこの男を殺してやった。そして今からお前を殺す」

"No, you can not," said Beowulf. "I will beat you."

「そうは行かない」と、ベーオウルフがいいました。「わたしが勝つ」

第４章　魔法説話　185

Now Beowulf and the sea-witch began to fight. No one has ever seen such a terrible fight. They fought and fought and fought.

そこでベーオウルフと海の魔女の戦いがはじまりました。これほどすさまじい戦いを見た人はいません。ふたりは死力をつくして戦いに戦いました。

People on the shore watched the sea for many hours, and became uneasy and sad. They did not believe Beowulf could stay under the water for such a long time. At last the water turned red and they were really hopeless.

岸にいた人たちは何時間も海面を見つめていましたが，だんだん不安で心配になってきました。ベーオウルフといえども，それほど長く水中にいれるとは思えなかったのです。

ついに水面が赤くそまり，彼らはすっかり絶望しました。

How delighted they were when they saw Beowulf on the water with the witch's head in his hand! Beowulf saved Denmark again and peace came back to the country.

ベーオウルフが魔女の首を手に水面に姿を現したときの，人びとのよろこびはいかばかりだったでしょう！ベーオウルフは，ふたたびデンマークを救い，この国に平和がよみがえったのです。

3
Beowulf's Final Battle

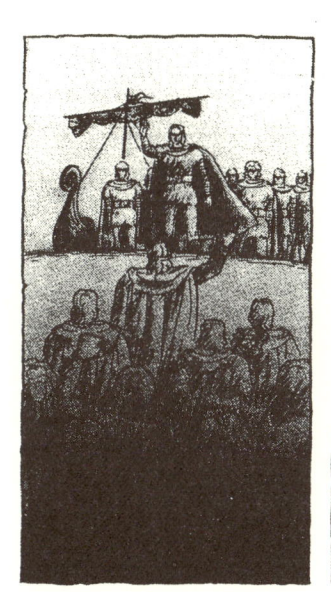

Beowulf and his men returned to Sweden. People welcomed them back, for they had heard of their brave deeds.

Of course, the king was glad to meet his brave nephew, Beowulf, again.

ベーオウルフと家来たちはスウェーデンに帰ってきました。人びとは彼らを歓迎しました。彼らの勇敢な行いのことを聞いていましたから。

もちろん，王様も勇敢な甥ベーオウルフにふたたび会えてうれしく思いました。

But, alas, one day the king's only son was killed in hunting.

しかし，悲しいことに，ある日王様のひとり息子が狩りの事故で死んでしまいました。

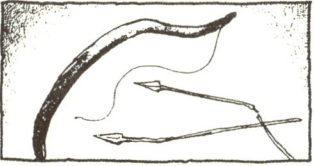

The king said to Beowulf, "Will you be king of Sweden after me? As you know I lost my only son, and I am so old."

王様はベーオウルフにいいました。「わしのあと、スウェーデンの王になってくれないか？知ってのとおり、わしはひとり息子をなくした。それにもうこんな年だ」

Beowulf was sorry for the king and accepted his offer to relieve him.

ベーオウルフは王様を気の毒に思い、彼を安心させるためにその申し出を受けました。

Beowulf ruled over the country for fifty years as a very good king.

ベーオウルフはりっぱな王として50年間国を治めました。

第4章　魔法説話　189

One day, however, a terrible fire-dragon came down from a far mountain and burned the town and killed many people, for a human thief tried to steal its treasure.

ところが、ある日、おそろしい火を吹く竜が遠くの山からおりてきて、町を焼き多くの人びとを殺しました。人間のどろぼうがその宝物を盗もうとしたからです。

No one dared to fight with the dragon, for it was so big and horrible.

だれもこの竜と闘う勇気がありませんでした。なぜなら竜はとても大きくおそろしげだったからです。

So Beowulf decided to fight himself. He went to the valley where the dragon was staying.

そこでベーオウルフは自分で闘う決心をしました。彼は竜のいる谷に行きました。

The dragon sent forth a big fire to Beowulf as soon as it saw him.
竜はベーオウルフの姿を見るやいなや，彼に向ってすごい火を吹きつけました。
20
Beowulf fought bravely in the fire.
ベーオウルフは火の中で勇敢に闘いました。

第4章 魔法説話 191

At last Beowulf gave a fatal blow to the dragon with his mighty sword.

ついにベーオウルフは竜にたいして剛剣で致命の一撃を与えました。

The fire-dragon died, but Beowulf was also burned and wounded all over. He knew he was dying.

火を吹く竜は死にましたが、ベーオウルフも全身にやけどと傷を負いました。彼は最期がやってきたことを知りました。

Beowulf remembered many battles he had fought, especially those with Grendel and the sea-witch in Denmark when he was young.

ベーオウルフは今までに闘ってきた多くの戦いを思い出しました。とくに，若い日デンマークでグレンデルと海の魔女と闘ったことを。

And now, Beowulf was content that he could save Sweden by killing this terrible dragon.

そして今，ベーオウルフはこのおそろしい竜を退治することでスウェーデンを救えたことに満足しました。

Beowulf smiled feebly and closed his eyes.

ベーオウルフはかすかにほほえみ，そっと目をとじました。

ベーオウルフについて

　1731年、英国の貴族サー・ロバート・コットンの書庫が火災に遭い、その焼け跡から発見されたのが、この3,182行からなる「ベーオウルフ」の手書き稿本である。使用された言語から、約千年前の西暦11世紀頃書かれたものであることが分かった。デンマークおよびスウェーデンが舞台のこの物語は、それよりさらに二、三世紀前から伝承されていたと推察される。

　この物語から読み取れるポイントを三つあげると、第一に人間の一生を描き出していること、第二に「正邪善悪」とは何かの問い掛け、第三に古代人の想像力である。人の一生は常に、若さと老年、交友と孤独、栄光（成功）と死（失敗）のコントラストである。

　若きベーオウルフは、14人の仲間の協力でグレンデルを倒すが、王となり年老いた彼は、たったひとりで竜に立ち向かう。もっとも責任ある立場についたベーオウルフは、誰の援助も協力もないまま、難問を解決しなければならない。いつの時代にもあてはまる、人生の真理である。船長は乗客・乗組員全員の命を預かり、社長は従業員およびその家族の生活を預かっている。失敗を許されない立場になったときの孤独感は、若いときには気がつきにくいものであろう。

　次に、この物語に現れる悪役のグレンデル、その母親の海の魔女、そして最後の火を吹く竜は、実は「悪」の象徴ではない。それぞれ、耐え難い騒音、息子の仇討ち、狙われた宝物、というれっきとした理由があったのだ。正邪善悪は、人それぞれの立場によって、大きく異なることを示している。

　最後に、これら三者は、いずれも古代人の想像の所産である。海底の様子、火山の噴火、地震、台風発生の原因、その進路等、現在ある程度解明されていることも、かつては神秘な謎であった。それだけ、人間の想像力も旺盛であったものが、今日では著しく貧弱に

なっているとは言えないか。

桃太郎の考察

I　誕生

　今日のだれもが信じて疑わない、桃太郎が桃から生まれるというモチーフは実はそれほど古いものではない。平安以前から伝承されてきた本話型の発端が現在のような形になったのは、江戸時代の末期からなのである（柳田國男『桃太郎の誕生』参照）。それ以前の桃太郎（と呼ばれていたはずもないが）の多くは、ただ川を流れてきたのだ。つまり、この話の主人公は、捨て子、即ち、「間引かれた」赤ん坊だったのである。赤ん坊を間引くという行為は、いつの時代にも、どの民族の間でも行われてきた。これは、過去にのみ見られた無慈悲かつ残虐な行為であろうか。今日のわが国でもコインロッカーその他に赤ん坊が捨てられるニュースが途切れることがない。さらに、20世紀後半に始まり、特に先進国と呼ばれる国々で一般化した妊娠中絶なども、れっきとした間引き行為である。フランスのさる思想家は、避妊することすら罪深い行為であると断定している。

　とまれ、かつての生まれたばかりの赤ん坊を間引く（殺す）という行為が、食糧の絶対量と大きく関わったことは言うまでもない。しかし、古代においてはこれに加えて他の要因も作用した。そのひとつが、誕生に際しての「予言」である。モーゼもペルセウスも、予言（神託）がもとで間引かれる運命にあった。これらは、たまたま今日まで伝わった数少ない例であって、大多数の間引かれた赤ん坊たちは、文字どおり日の目を見ることなく、闇の中に葬り去られていったのである。そんな中で九死に一生をえた主人公たちが、それまでだれもなしえなかった偉業をなす。このことが暗示するのは、命の尊厳にほかならない。

II 怪力（能力）の発揮

　日本で伝承された大勢の桃太郎たちは、はじめから勤勉で有能であったわけではない。否、むしろ大多数は、極端な怠け者である。それがあるとき突然、まわりが目を見張るような怪力を発揮する。このことは、潜在能力の開花である。これは、イギリスの一連の「ジャック」ものと共通する。竜や巨人を退治するジャックも、豆の木を伝って天に登り鬼の宝物を分捕るジャックも、もとは「うすのろ」とか「役立たず」と呼ばれ、さげすまれているのである。これは、ドイツのハンス、ロシアのイワン、中国のワンサンなどとも共通する。怠け者のように見えたのは、じつは充電期間ないし醸造期間であって、能力発揮にはそれなりの準備期間が必要であると同時に、ひとりひとりの人間には計り知れない能力が秘められていることを示す。

　このほかに、ヨーロッパにはよく三兄弟（姉妹）を用いた能力発揮がある。上のふたりは、利発で抜け目なく、自信にも満ちている。それに対して、末っ子は、先のジャックのように、いつも「のろま」としてさげすまれている。いざことが起こり（例えば、悪い魔女退治）、上から順に旅立つ。自信に満ちた上ふたりは、やすやすと敵の餌食となり、捕らわれの身となったり、時には落命する。最後に、何の期待もかけられない末っ子が旅立つ。そして、周到な準備、注意力、さらに他の援助などで、首尾よく敵を倒し、兄（姉）を救出する。たとえ殺されていても、分捕った魔法の杖（その他の呪物、薬草など）を用いて生き返らせるのである。じつは、これも形を変えた、成長と能力発揮のパターンなのである。自信に満ちている（ように見える）うちは、まだ本物の力とはなっていない、というケースはいつの時代にも当てはまる真実である。

III 旅立ち（仲間の獲得）

　鬼退治に出立した桃太郎は、途中でイヌ、サル、キジという仲間を得る。この仲間たちは、「ベーオウルフ」の解説で述べた、偉業をなすための協力者であり、同時に、第3章でも一度触れたが、適材を適所に配することも意味している。「蟹の仇打ち（猿蟹合戦）」や「ブレーメンの音楽隊」の項で述べた、旅の仲間たちの役割をもう一度思い起こしていただきたい。さらに、この三者については、忠誠（イヌ）、知恵（サル）、勇気（キジ）を表すとの解釈もある。

　次に、桃太郎が必ず所持するものにキビダンゴがある。正式には「黍団子」であるが、「吉備団子」という当て字が使われることもあり、旧地名を吉備といった岡山の地とこの物語を結びつける考えもある。そこから、桃太郎は吉備津彦のことであり、鬼はかつて朝鮮から渡来し鬼ノ城（岡山県総社市）を支配した温羅という名の豪族であった、という説が生まれたりする。しかし、「桃太郎」は、全国各地で少なくとも千年近くも伝承されてきた物語であり、さらに、世界の類話と比較を試みようとするとき、一地方のみと結びつけるには大きな抵抗がある。ただ、かつて吉備地方に米麦の供給を補う意味で、キビの栽培を奨励した時期があったらしいから、その普及・宣伝の意味で、この個所だけは岡山と結びつくかも知れない。そこで思い出されるのが、スコットランドの民間説話にしばしば登場するオート麦の乾パンである。オート麦のことを、サミュエル・ジョンソン博士（1709－84）が自ら編纂した辞書の中で「スコットランドでは人が食い、イングランドでは馬が食う」と定義したとき、誇り高きスコットランド人は、「だからスコットランドからは偉人が出、イングランドからは名馬が出る」とやり返したエピソードがある。それを食することによって怪力（超能力、百人力）が得られるといううたい文句は、両者に共通するところである。

IV 鬼退治

　世界中で聞かれる「鬼（竜、巨人、怪物）退治」の物語の多くは、災難克服・難題解決のための英雄の出現願望から生じた。鬼や怪物は災難・難題を象徴し、それは個人的なものから、家族、集落、さらには国家規模のものまでさまざまである。そして、その内容も、天災、人災取り混ぜてまさしく千差万別である。個人や集団の働きで解決出来るものもあるが、強大で残虐な外敵の侵入、あるいはけたはずれの大地震、台風などで絶望的状態に陥ったとき、これを一気に解決してくれる英雄の出現が切に願望された。火を吹く竜などの発想は、火山の噴火に対する恐れから生まれたという説明は十分納得できる。地震の原因が分かり、台風もその発生から進路の予想まで出来る現代では、もはやこういった発想は生まれてこないかも知れない。少々さびしい気もする。

　鬼や怪物に関するもうひとつの解釈は、これは人間の心に住む数々の邪気であるというものである。ある意味ではこちらの方が退治するのは難しいかも知れない。これらと闘うために、人類は古来さまざまな試みを行ってきた。その過程で、宗教、倫理、道徳、が生じ、哲学、法律をはじめとする広範囲な学問の発展につながった。しかし、学問は行えば行うほど、未知の領域は拡大し細分化する。もはやけっして最終ゴールは見えてこないし、ひとりやふたりの桃太郎が出現しても、どうにもならないところまで来ている。

V 凱旋

　今日知られている桃太郎は、鬼の宝物を分捕り、荷車に積んで凱旋することになっている。柳田國男も言うように、本来はここに「ヨーロッパの桃太郎たち」と同じように、「美女奪還」のモチーフがあったものが、近世になって削除されたのである。鬼が島に美女がいた、ということになれば、これは人間世界から略奪されたも

のである。一方、ヨーロッパの類話では、鬼（巨人）を退治したり、偉業をなした主人公には、まるで報償と言ってよいほど、美女が与えられる。多くの場合、それは鬼の実の娘なのだ（先の「名なしのニックス」参照）。日本の場合、鬼の娘が登場することはないが、もししたとすればやはり鬼族であろう。この点が、東西で大きく異なるところである。「桃太郎」にしても、「三枚の札」にしても、あるいは「浦島」でさえ、ロマンス性つまり男女の関係をほのめかす部分は、見事なまでに削除されているのである。

侵略の象徴？

　先にあげた文部省唱歌の三連以下に見られる歌詞や、各種の絵本に日の丸が登場したことなどによって、「桃太郎」は「侵略の象徴」と非難された一時期がある。実際に、当時の政府・施政者が国民の戦意を煽るためにどの程度意図したのかは不明であるが、桃太郎にとっては、とんだとばっちりと言わざるをえない。結章でも述べることになると思うが、民間説話は全人類を結びつける役割を持つ、いわば平和の象徴であり、「桃太郎」はやはりわが国を代表する話型のひとつには違いないのだから。

第5章　笑話・その他

1　愚か村ばなし

　アールネとトムソンの分類によれば、笑話として1200番から1999番まで、公式譚として2000番から2399番まで、そして2400番から2499番までが分類不能の話型とされている。笑話の多くの部分を占めるのが、いわゆる「愚か村ばなし」と呼ばれる笑話群である。これは、ある特定の村または集落の全員が馬鹿だったことを強調する話群で、世界中のほとんどの国に存在する。わが国でも、北は新潟県栃尾村から南は鹿児島県日当山まで、少なくとも34の集落がこれに相当する。ヨーロッパでは、イギリスの「ゴタム村」、ドイツの「シュルドビュルガー村」、イタリアの「モルボ村」などが広く知られている（浅田勇「外国のおろか村」『昔話研究』2-9、参照）。次にあげる資料は、イギリスの「ゴタム村」話と日本は鳥取県の「佐治村」話からの数話である。

〈資料43〉ゴタム村の賢者たち

　　むかし、イングランドにゴタムという村がありました。この村の住人たちはそろって頭が良かったということです。どんなに良かったかというと、それはこれからするお話を聞けば、分っていただけましょう。

(1) カッコーをかこう話
　　　(AT 1213)

　ゴタムの村に美しい声で鳴くカッコーがやって来ました。村のまん中にある広場の木にとまって、楽しい歌をうたうのです。村人たちは、何とかこの鳥を逃がさないようにしようと思いました。
「まわりに高いへいを作ったらどうだろう」
「そうだ、それがいい」
　さっそく村人たちはへいを作りはじめました。
「さあ、そこで１年じゅう美しい歌をうたっておくれ。そうしないと、食べものも水もやらないぞ」
　ところが、カッコーは、自分のまわりに高いへいができたのを見ると、どこかへ飛んで行ってしまいました。
「しまった」村人たちは言いました。
「もっと高いへいにしておくべきだった」

(2) ウナギをおぼれさす話
　　　(AT 1310)

　ゴタム村の人たちがある時集まって相談しました。つまり、白ニシンや赤ニシンなどの塩魚を増やす方法はないかというわけです。
「来年まで村の池に入れておいたらどうだろう」
「そうだな。そうすれば、こどもが生まれてたくさんになっているだろう」
　というわけで、村人たちはみんな塩魚を持って池のほとりに集まりました。
「わしは白ニシンを持って来たぞ」
「うちには小ニシンがこんなにある」
「わしは赤ニシンがいっぱいだ」
「さあ、みんなこの池に入れておこう。来年は王さまみたいに、塩魚がいっぱい食べられるぞ」

1年たって、村人たちは魚を取りもどしに池にやって来ました。ところが、大きなウナギが1匹とれただけで、ほかの魚はかげさえ見えません。
「こいつだ。このウナギのしわざだ。これがほかの魚をみんな食ってしまったにちがいない」
「いったいどうしてくれよう」
　殺してしまえ」
「切りきざんでやれ」
　村人たちは口ぐちに言いました。
「いやまて」と、ひとりがさえぎりました。
「おぼれさせてやるのがいちばんいい」
「そうだ。そうだ」と、みんな賛成しました。
　そこで、村人たちはそのウナギを別の大きな池につれて行き、その中に投げ込みました。
「そーれ、このばちあたりめ。もう2度と助けてやらないからな」

(3) 数をかぞえる話
　　(AT 1287)

　ある日、ゴタム村の男たち12人が川に魚をとりに行きました。ある者は水にもぐり、またある者は釣りざおをもっておかからとりました。夕方、帰りじたくをしながらひとりが言いました。
「今日はずい分水にもぐったが、だれもおぼれていないだろうな」
「そうだな。念のためかぞえてみるか。ひとり、ふたり、…11人。おや、おかしいぞ。たしか村を出たのは12人だったが…」
　そこで別の男がかぞえてみましたが、やはり11人です。また別の男がかぞえても、11人しかいません。
「たいへんだ。ひとりおぼれたらしい」
　みんな青くなって、あちこち呼んでみますが、水面は静まりかえって、人の気配もありません。そこに王さまの家来がひとり通りかかりました。

「いったいなぜそんなに悲しそうな顔をしているのかね」
「なぜって、今日わたしたちは 12 人で魚をとりに来たんですが、仲間がひとりおぼれ死んだらしいです」
「それはお気の毒に。だが、もう 1 度わたしの前でかぞえてみせてくれないか」
　そこで、ひとりがゆっくりと仲間の数をかぞえました。じっとそれを見ていた家来が言いました。
「もしわたしが 12 人目を見つけてやったら、お礼に何をくれるかね」
「そりゃあ、何でも。わしらが今持っているお金を全部だってさしあげますよ」
「じゃあ、さきにいただこう」と言ってお金を受け取ると、家来は村人たちを一列に並べました。そして、
「ひとーり、ふたーり、さんにーん、よにーん、…」と言って、ひとりひとりの背中をたたきながらかぞえていましたが、最後のひとりになった時、特に大声をはりあげて言ったものです。
「じゅうにーん！」
　村人たちはうれしくてうれしくてたまりません。
「これはこれは。お礼の申しあげようもございません。よくぞわしらの仲間を見つけてくださいました」
　12 人もいて、自分をかぞえた者がひとりもいなかったとはね。

(4) ヒツジを買いに行く話

　ゴタム村のふたりの男が、村はずれの橋の上でばったり出会いました。
「どちらへお出かけかね」
「ノッチンガムの市場にヒツジを買いに行くんだよ」
「へえ、で、どの道を通って帰るんだい」
「どの道って、この道にきまってるじゃないか」
「そうは行かんよ。この橋はヒツジを通せない」
「そんなきまりがあるもんか。わしはかならずこの橋をわたる」

「いや、だめだ」
「いや、わたる」
　ふたりは今にもつかみかからんばかりです。
「わしのヒツジのお通りだい」
「いや、だんじて通してなるものか」
「こいつめ、ヒツジが川に落ちたらなんとする」
「なんだと。わしとやる気かい」
　そこに、ゴタム村の別の男が、小麦粉の袋をかついで通りかかりました。そして、同じ村の男が、いもしないヒツジを通すの通さないのと言い争っているのを見て言いました。
「ばかだなあ、お前さんたちは。少しは頭を使うもんだよ」
　そして、男はかついで来た袋を橋のふちに持って行き、その口を開くと中の粉を残らず川の中にばらまきました。
「さあ、ご両人。この袋にどれだけの粉がある」
「どれだけって、ちっともないじゃないか」と、ふたりが答えました。
「そのとおり。じっさいにないもののことで争うなど、お前さんがたの頭は、この袋みたいにからっぽだっていうことさ」
　この3人の中で、だれが1番利口なのか、それともばかなのか、それは皆さんが自分で考えてくださいね。
　（三宅忠明訳『NHK基礎英語』1986年3月号、日本放送出版協会、
　　97-99）

〈資料44〉佐治村のだらず話

　一般に佐治谷（鳥取県八頭郡佐治村）を対象とする愚か村話の総称だが、当の佐治村においても「佐治の谷のあほう話」として伝えられていた。しばしばなまって「しゃじ谷話」と呼ばれる。一般の佐治谷話では約60の話型が認められており、伝承分布の地域は鳥取県、岡山県と兵庫県西部に及んでいる。佐治村内部の伝承では愚人譚、巧智譚、狡猾者譚にわたり約20の話型が認められるが、巧智・狡猾の話が多く、「知れえでのうてわざっとダラズになる」（知らないのではなく、

わざと愚者を装うの意）と付け加えて佐治谷者は愚者に見えるが実は賢いのだとする。　　　（稲田浩二他『日本昔話事典』弘文堂、1977、381）

(1) 風呂の大根漬け

　あるところに、いい娘さんがおったげなあ。ところが、そこへ聟さんを貰あたら、その聟さんがだらじ聟（ばか聟）だげなあ。のう。そえから、だらず聟を貰あたから、どうもしょうがない。なにしても、ええしこんならん（いい具合にできない）。だども（けれども）、親が賢いから、まあこらえてねえ。娘が、
「まあ、こらえちょらあ。こらえちょらあじい（がまんしていようぞ）」
言うてこらえておったもんだ。
　そげしたら、だらず聟だから、朝まに御飯を食べえつう（という）ことになって、御飯を食べて、へえから（それから）あとで、湯いもらあて、飲んでねえ。
「こうに（これに）湯いごさっしゃい（湯をください）」
へいから、湯い、お母さんがやったもんだ。熱かったもんだ。
「水、うべて（うめて）ごさっしゃい」
つうて、こう出いたもんだ。
「あのなあ、御飯を食べたなんず（など）したあとで、湯い飲んで、水うべて飲むもんじゃあない。あの漬けもんかこうこ漬け（大根漬け）の大根なんず入れて、混ぜて、せえかあさめえけん（それからさめるから）、そうで、あの、こうこ漬け混ぜてさまかいて（さまして）、飲むもんだけん。湯いに水うべてごさっしゃいことなんちゅうに、おおけな声さあもんじゃあないけん（大きな声をするものではないから）」
言いて、
「ああ、そげか」
言いちょったげな。
　へいから、ばんげ（夕方）に仕事をして戻ったら、
「風呂へ入れ」
「はあい」

へいから、裸んなって風呂場へ行って——いまんごろ、あの、五右衛門風呂がああね。当時は、こげな桶だけんのお。こげな桶に入えちょったあ。沸しょったもんだ——たあした熱かったげで、へえから、桶に、こげえふんばり、こげえふんばりして、こげえさばっちょって、桶の上におって、
　「こうこ漬けえ、こうこ漬けえ」
つうた言うて。
　「なにい、大けな声さあかい」
　「風呂の湯いが熱うていけんけえ、こうこ漬けえ、こうこ漬けえ言うに」
　「そげな時には、水うべえもんだ。こうこ漬けなんぞの一つや二つ入えて、さめえもんじゃないけん」
　そいで、だらず聟貰あて、ように弱ったなあ言いて、とうとうだらず聟がいんだ（離縁になった）だ。
　そいで、だらず聟を聟に持つもんでないつうて言いて。
　たった、むかしはすんだす。
　（田中瑩一、酒井董美編『鼻きき甚兵衛』桜楓社、1974、205-07）

(2) 蟹のふんどし

　ある、少し鈍な若い者が嫁をもらあた。そげして、聟入りせにゃあいけん。そいから、あしたにはいよいよ聟入りに嫁の本家、嫁と連れ立って泊まり行くちい（という）ことになって。ところが、そこの方じゃ、必ず蟹の御馳走を出す所だっただ。ほんに仲人人が言うことにゃあ
　「こりゃ、こりゃ、おまえ。聟入りさあ（する）と、あの方の、所の風習として、蟹を出すけに（から）、その時にゃあ、蟹のまわし（ふんどし）はずいて、それからよばれにゃいけんけんな（御馳走にならないといけないからな）」
　「うん。ああ、承知した、承知した」
言いて、あの少し鈍な若い者は、嫁について泊まり行きたげな。
　ところがあんのたま（案の定）蟹の御馳走が出ただ。そげしたとこめ

が、その蟹のまわしをはずさんこに（はずさないで）、自分のまわしを、こうはずいて、そうから、膳の座に、こう置いて、そげして蟹をよばれただ。ところが、あすこのおやじが、
　「まあ、ようようきてごしなった（くださった）。ごくろうだった。あの、娘はちと（ちょっと）あとから戻らせえけに、おまえ、ま、先にいんでごっさい（帰ってください）」
　「はいはい」
言っていんだげな。
　ところが、なんぼうしても嫁は戻って来らん（来ない）。それから問い合わせてみたら、
　「どげしたことだあ」
　「やあ、あの若え者はだらずだと。蟹の御馳走出いたとこめが、わがふんどしはずいて、その膳にさんにょう入れて、飯食っとうだ。そげなだらくそに、けえ、よう戻さんけん」
言い手紙が来た。ほいから、まあ、仲人に言いし、
　「なんと、こげえこげえなことで（こうこうのわけで）、蟹のまわしはずさすこに、わがふんどしはずいて、膳のさんにょう入れた。そぎゃん（そんな）だらず聟の嫁にゃあやらんちいことで、嫁は戻いてごさんがね。なんとか、まあ、仲人さん、お世話してくださらんか」
そうして親が頼んだだ。聟の親が。
　「ふうん。そいつは困ったもんだなあ。やあ、ほんなら、まあ、なんとかやって、戻うやに話してごすけん」
仲人人は、よほど利口な者じゃったげな。ほうから、行きて、
　「なんとまあ、娘さんをいまのき（いまになっても）戻いてごいて無えげなが、まあ、どっちぶり（ともかく）戻いてもらわにゃあ」
　「ああ、そげですかいなあ。やあ、戻さないけんかも知れんが、ちとうちにも言い分がある」
　「ああ、まあ、とにかく頼む」
言いやなことで、おったところが、また仲人人に御馳走しただ。また蟹の料理出いて据えただ。ところが仲人人はまた自分のふんどし、こう、はずいて、こう、膳の座に置いて、ほうから飯食ったた。

「こなし（この人は）おかしことすうよう（変なことをするなあ）」
と。
「前にゃあ、誓もあげ（ああ）したが、おまえもあげしてだが、いったいありゃ何のまじないかい」
「ああ、こう（これ）でございますか。こりゃあ、うちの方の風習でございます。ほうで（それで）へえ、必ず蟹食う時にゃあ、こうして食うことにしちょう。あらあ、うちん方の所風（ところふう）でございます」
言いたげな。
「ほほうん。そげか。いや、ほんなら誓がだらずでじゃあねえと。そげなあの方の所風だちいことなら、こりゃしかたがねえ。ああ、ほんなら仲人人し、今日は、ほんなら、おまえに娘をつけていなせえけ（帰らせるから）連（ち）えていんでごっさい」
「ああ、そげかね。そらまあ、だんだん（ありがとう）だんだん」
と言いやあなことで、娘を連えて戻ったげな。
そうで結局、その仲人人が利口で、そげして、その、話、円満に持って行ったと。
こげな話がある。
とんとむかし、こっぽりだ。
（田中瑩一、酒井董美編『鼻きき甚兵衛』桜楓社、1974、212-15)

考察

演劇関係者に聞いたはなしだが、二枚目は大根役者でも演じられるが、馬鹿と死体が演じられるのは名優だそうである。観客にほんとうにそうだと思わせることが出来なければ、名演技とは言えない。死体を演ずるとき、ただ身動きしなければよいかというと、それだけではない。身動きをしないで命がないことを演ずるとは、なるほど本物のプロは違う。同じことが、演技と思わせないで馬鹿を演ずることにも言えるのである。

では、馬鹿を演ずる目的は何か。少しでも賢く、あるいは強く、

あるいはかっこうよく見せたいのが人情ではないか。これに対して、古来「能あるタカは爪をかくす」の類いの戒めが伝えられてきた。考えてみれば、こちらの方がはるかに理にかなっている。羨望、警戒心、場合によっては敵意などを招くことが、どれほど危険なことであるかを知った人間の知恵なのである。以上は個人に関するケースであるが、かつては集落全体でこれを画策する必要もあった。他所の商人、外敵、施政者に油断をさせ、交渉、取り引きを有利にし、さらには厳しい税や年貢の取り立てを逃れたのである。したがって、この現象は共同作業、共同生活の度合いの強い農村に起こりやすく、遊牧民族や狩猟民族のあいだにはあまり見られない。とまれ、上のゴタム村話全体に冠せられた題名は「ゴタムの賢者たち」（Wise Men of Gotham）となっている。愚かさを宣伝するために「賢者」ということばを使うとは、敵の裏をかく、手の込んだ高等戦術ではある。

　各話については、それぞれ地域性、独立性が強いので、一部を除いてはそれほど世界に共通しているとは限らない。農耕地域を中心とした愚か村の存在そのものが最大の国際性である。

2　その他の笑話

　愚か村ほどではないが、笑話は群をなしやすい。アールネとトムソンは、「愚か者」「愚かな夫婦」「愚か嫁（娘）」「愚か婿（息子）」と並んで、「知恵者」「僧職者（を笑う）」をカテゴリーとして建てている。わが国でお馴染みの「一休話」「吉四六話」などがそれである。以下、資料としてあげるのは、中国の愚か婿話、日本の一休話の原話、そして各地の愚か村話に共通に現れる「カラス（鳥）の目印」の梗概である。発想は、先の「カッコーをかこう話」

と共通する。

〈資料45〉鏡（中国）

　昔むかし、ある村にワンさんという、すこし頭の足りない男が住んでいました。何を聞いてもすぐ忘れるし、何をさせても、まともに仕あげたことはありません。奥さんの苦労も並大抵ではなかったということです。
　ある時、奥さんがワンさんに木の櫛を買ってもらおうと思いました。ところが、ワンさんにはなかなかその意味がのみこめません。ふたりは、こんなやりとりをしました。
　「ねえ、お前さん。今度町に出たら、わたしに木の櫛を買ってきておくれ」
　「何だい、そのクシってのは」
　「お前さん、櫛を知らないのかい。頭をとく櫛だよ」
　「ああ、そのクシか。で、どこで買うんだい」
　「あんたが次に町に行ったときだよ」
　「で、わしはいつ町に行くんだい」
　「うちの油が切れる前だよ」
　「そうか。それで、何を買うんだっけ」
　「櫛だよ、クシ」
　「ああ、そうだったな。じゃあ、忘れずに買ってくるよ」
　ちょうどこの時、空を見あげると、細い細い三日月がかかっています。奥さんは、念を押すつもりで言いました。
　「いいかね、お前さん。櫛というものは、ほれ、あの月を見てごらん、あんな形をしているものだからね。よく覚えておくんだよ」
　それからしばらくして、ワンさんが町に出る日がやってきました。いろいろと用事や買物をしましたが、奥さんに頼まれた櫛のことはすっかり忘れていました。夕方になって、さあ帰ろうと思いながら、ふと空を見あげると、丸い丸い満月がかかっています。ワンさんは、急に奥さんの頼みを思い出しました。すぐに雑貨店に引きかえし、満月の

ように丸い丸い鏡を買いました。
　家では、奥さんが首を長くして待っています。
　「ほれ、月のようなものを持ってきたよ」
　ワンさんは、丸い鏡を取りだしました。奥さんは、鏡にうつったのが自分の顔だとは気がつかず、血相をかえて実家にとんで帰りました。
　「かあさん、どうしよう。うちのひとが、おんなのひとを家に入れるというんだよ」
　奥さんの母さんは、すぐにワンさんの家に出かけました。そして、鏡にうつった自分の顔を見て言いました。
　「なんだ。むすめがひどく心配するので来てみたが、こんなしわくちゃのばあさんだったのかい」

〈資料46〉飴は毒（日本）
　　　　　（AT 1313)

　ある寺の和尚さんが檀家に法事があって、行くことになったと。そんで「あの仏壇の下の戸を開けたら大変ぞ。あっこにゃァ毒を置いちゃァるヶ」いうちょいて出ていたげナ。和尚さんが出ていくとじきに利口い小坊主が、和尚さんが一番大事にしよる牡丹の鉢を板の間へぶちつけて割ったと。
　そんで他の小坊主らァがびっくりして、真っ青うなったと。けんどその小坊主は平気のへいさで、「サァ、これからあの仏壇の下の飴をねぶろうぜや」いうて、皆を連れていて指へつけちゃァ、「うまい、うまい」ちゅうてなめてしもうたと。そうしよるうちに和尚さんが戻ってきてみると、あの牡丹の鉢が割れちょるので、真っ赤になって「この鉢を割ったのはいったいだれぞ、ここへ出てみよ」いうて怒ったと。
　そいたら利口い小坊主が和尚さんの前へ出て、「わたしが和尚さんの大事な大事な鉢を割りまいたので、死んでおわびをしょうと思うて、仏壇の下の毒をなめてしまいまいたがまだ死ねません。けんど、もうまァ毒が身体に回ってすぐ死ぬろうと思いますヶ、どうぞこらえてつ

かァされ」いうて、涙をポロポロ出いて泣きじゃくったげな。
　他の小坊主も飴をねぶっちょるけんど、自分一人がねぶったようにいうて罪をかぶったと。こがな利口い坊主じゃったヶに後にはたいてェ偉い坊さんになったげな。めでたし、めでたし。
　　　（関敬吾編『日本昔話大成9　笑語2』角川書店、1980、304-05）

〈資料47〉烏の目印

　類話2　『醒睡笑』一「鈍副子」二五　田舎より主従二人始めて上洛し、京の町に逗留せし。休息の後、見物に出づる。下人にむかひ、「都はいづれも同様なる家作なり、よくよく目じるしをせよ」と教ゆる。「心得たり」と領掌せしが、晩にのぞみ宿を知らず。主、腹をたてしかる。返事に、「いや門の柱に唾にて書附けを、たしかに仕りしが、消えて見え候はず。その上になほ念を入れ、屋根の上に鳶の二つありしを目附けにしたりしが、それも異な事で見えぬ」と。
（稲田浩二他編『日本昔話通観　研究篇2　日本昔話と古典』同朋舎、
　1998、693）

3　形式譚

　以上の三分類（動物説話、魔法説話、笑話）のいずれにも属さない話型もいくつか存在する。しかし、民間説話と言うよりは、謎掛け遊びかことば遊びと言った方がよいかも知れない。次の例を見ていただきたい。

〈資料48〉イヌとパイプ
　　　　（AT 2204）

　ある紳士が汽車に乗ってパイプタバコを吸っていた。ふとしたはず

みで、パイプが窓の外に落っこちた。たまたま外にいたイヌが汽車を追いかけた。そして次の駅までやって来た。さあ、イヌの口には何がある。
「パイプでしょ」
「残念でした。シタ（舌）でした」

聞き手が、「そんなのないよ」と言うと、語り手は「パイプは拾わなかったの」とか、「途中で落としたの」と答える。
また、「果てなし話」には、次にあげる二系統がある。

果てなし話二題
(AT 2300 Endless Tales)

〈資料49〉長崎のネズミと薩摩のネズミ（日本）

　　昔むかし、長崎のネズミが集まって、長崎には食べ物がなくなったので、みんなで海を渡り、薩摩に行くことに決めました。ネズミたちは一匹のこらず船に乗り、さあいよいよ出航です。
　海の上で、船と船が出あいました。向こうから来るのは薩摩の船で、薩摩のネズミが全員乗っています。
　「どちらへおいでかね」薩摩のネズミが長崎のネズミに言いました。
　「長崎に食べ物がなくなったので、みんなで薩摩へ行くところだよ」長崎のネズミが答えました。「で、あなたがたはどちらへ」
　「薩摩に食べ物がなくなったので、みんなで長崎に行くところだよ」薩摩のネズミが答えました。
　ここで、ネズミたちはみんな顔を見合わせました。
　「薩摩に行っても食べ物はない」
　「長崎に行っても食べ物はない」
　ネズミたちは、このまま薩摩に行っても、長崎に行っても、どうせ生きていけないのならと、いっそここで海に飛びこむことに決めまし

た。
　最初のネズミが、チューチューと鳴いて、ポチャンと海に飛びこみました。
　次のネズミが、チューチューと鳴いて、ポチャンと海に飛びこみました。
　次のネズミが、チューチューと鳴いて、……。

〈資料50〉暗い嵐の夜　（アメリカ）

　暗い嵐の夜でした。隊員のひとりが言いました。
「隊長、何か昔話をしてください」
　そこで、隊長は話しはじめました。
「 暗い嵐の夜でした。隊員のひとりが言いました。『隊長、何か昔話をしてください』　そこで、隊長は話しはじめました。『 暗い嵐の夜でした。隊員のひとりが言いました。「隊長、何か昔話をしてください」　そこで、隊長は話しはじめました。『暗い嵐の夜でした。隊員のひとりが言いました。「隊長、何か昔話をしてください」　そこで、隊長は話しはじめました。『 暗い嵐の夜でした。……」

解説

　前者は、数量の多さからくる果てなし話で、大木に鈴なりになった木の実とか、イナゴやアリの大群もよく用いられる。聞き手がしびれを切らして、「いつ終わるの」と問うと、語り手は「あと百年くらいかかるかな」とか、「明日の朝までかけたら、一枝くらいは終わるだろうよ」などと答える。後者は一見普通の物語のような発端であるが、一個所を堂々めぐりするばかりで、一向に前に進まない。聞き手は、それでもしばらくは、そのうち話の展開があるかと心待ちにしているのだが、やがて語り手の意図に気がつく。
　こういった果てなし話は、果てしなくお話をねだる幼児に、今日

はこれでおしまい、と告げるために、またかれらを寝かしつけるために、子守り唄代わりに用いられる。大人でも、寝つかれないときによく口ずさむ「ヒツジが一匹、ヒツジが二匹、ヒツジが三匹、……」なども同じである。こういったところまで、世界中に共通しているのである。では最後に、ながーいお話をねだる聞き手に話す話をひとつ。

　　　　天からながァ ──────── いフンドシがおりてきたとさ

「ウサギとカメ」G．ドレ画

結章

教養とは何か ― ジョハリの窓から

　「ジョハリの窓」という心理学用語をご存知だろうか。これは、まず要件をふたつ選び、それぞれをプラスとマイナスにした場合の四分類である。意思決定をしたり決断をするとき、ことのほか有効である。たとえば、一生の伴侶を選ぶに際して学歴と収入を最大の要件とする。両方プラスは理想ではあっても、競争率が高くあまり望めそうにない。かといって、両方マイナスで妥協する位なら一生独身ですごす方がましだ。こんなとき問題になるのが、プラス・マイナスを選ぶか、マイナス・プラスを選ぶかである。場合によっては、両方プラスが最善で、両方マイナスが最悪とは限らない。たとえば、他人の自分に対する好意を過去と現在に分け、① 過去も現在もプラス、② 過去はプラスで現在はマイナス、③ 過去はマイナスで現在はプラス、④ 過去も現在もマイナス、と四分類する。たいていの人は ③ の相手に最も好意を抱き、② の相手を最も嫌悪するという。これも人情、つまり人間の特性のひとつなのだ。

　ここで専門知識と教養を、ジョハリの窓に当てはめてみよう。① 専門知識も教養もある、② 専門知識はあるが教養がない、③ 専門知識はないが教養がある、④ 専門知識も教養もない、と四分類する。① が最も望ましいことは自明であるが、④ が最悪かというと、そうでもない。一番始末が悪いのは ② なのである。卑近な例は、松本および地下鉄のサリン事件であり、最近ではカレー毒物混入事件やその他の保険金殺人、さらには高級官僚や某県警の不祥事も、あの「お受験殺人」も、すべて ② に起因している。さかのぼって、

大戦中の広島・長崎への原爆投下などは、いかに異常事態で世界中がマヒしていたとはいえ、その最たるものである。③ はまわりの空気を和ませ、④ といえどもたいした実害はない。専門知識を生かすも殺すもひとえに教養次第なのである。

　教養とは「文化」と同義である（英語ではいずれも culture）。はじめに述べたように、「文化」とは「野性」（wild）に対して「人手や人知」が加わった、の意で、教育や学習のみでなく経験や訓練や思考によって獲得するものであるから、単なる知識の蓄積ではない。「教養」を言い換えれば、「人間としての良識ないし常識」となる。この意味で、民間説話は「教養素の宝庫」なのである。

「よき人生」と民間説話

　ジョン・ヘンリー・ニューマン（1801-1890）は、名著『大学の理念』（*The Idea of a University*, 1852）の中で、大学の役割を研究（真理の探求）と教育と定め、教育の目的は、「若き紳士たち（当時大学に進む女性はいなかった）が、将来よき（幸福な）人生を送るべく手を貸すこと」と定義し、その具体的内容については、「陽気にすべきときと神妙にすべきとき（time to be merry and time to be serious）、および、発言すべきときと黙するとき（time to speak and time to be silent）をわきまえた人間になること」と、言い切っている。何のことはない。前項で述べた、「人間としての良識ないし常識」ではないか。一世紀半を経た今日に持ってきても、否、いつの時代でもそのまま当てはまる理念である。むしろ、わが国における今日の大学の方が、本来の任務・役割をどこかに置き忘れてきたかの観がある。受験生も、それを指導する先生方も、志望校の決定に際して、偏差値とやらに振り回され、自分が何をしたいのか、何が出来るのかを考えることは、二の次三の次となっている。首尾よく

入学したとしても、今度は専門偏重に陥りがちとなる。本来は車の両輪のひとつであるべき「教養」があまり顧みられない。その結果、単なる専門馬鹿ならまだしも、ひとつ歯車が狂えば、先のサリン事件や保険金殺人である。

　文学でも民間説話でも、変にアカデミズムに染まると、かえって人生の教科書にはなりにくい。一握りの専門家に生活の糧は与えるかも知れないが、万人の役に立つとはとても思えない。文学作品の名作や有名な民間説話が、それらを専門とする研究者の何百倍、何千倍の人たちによって愛読され、鑑賞され、親しまれていることはとても心強い。せっかくであるから、愛読、鑑賞の域から一歩出てさらに何かを得、ひとりひとりの「よき人生」のために生かしたいものである。古代インドの仏教説話やイソップ寓話は別として、大部分の民間説話には教訓色がない。押しつけられたものでない教訓は、かえって咀嚼されやすい。読者（聞き手）は積極的に何かを得ようとする。民間説話とは、幾時代幾世代を通じて培われ蓄積されてきた、人類の知恵と真理の集大成なのだから。

「いじめ」対策と民間説話

　人類の創成期から伝えられてきた民間説話の最大の効用は、娯楽としてもさることながら、「人間とは何か」を幾時代にわたって語り、今後も人類の存続するかぎり、伝え続けて行くことである。そこにあるのは、「正義は必ず勝つ」「善意は必ず報われる」などといったきれいごとばかりではない。シンデレラや白雪姫がいじめられるのは、その美しさに加えて、勤勉、誠実、忍耐、などの美徳ゆえである。残念なことではあるが、これが人間の一側面なのである。実生活の中で、同じ体験をする無数の少女たちの中で、王子様との巡り合いを期待できるものがいったい幾人いるだろうか。人間の心

に「嫉妬」が存在する以上、この現象を消滅させることは不可能である。だからといって、仕方がないと手をこまねいていたのでは、せっかくの文化遺産を十分活用していることにはならない。

　昨今学校における「いじめ」が社会問題となっている。そこで、いじめをする児童・生徒の登校を禁止してはどうかなどという提案は、何の解決にもならないどころか、かえって事態を悪化させる。たとえは悪いが、その児童・生徒を抹殺したところで、結果は同様である。なぜなら、善きにつけ悪しきにつけ、問題児がいなくなっても、その「代役」は必ず出現するのだから。残念ながら、「いじめ」も、文化の副産物として生じた人間の負の特性のひとつなのである。だからといって、こうするのが一番だ、という解答はだれにも出せない。ただ、ここにある種のヒントがある。

　人間社会・生活の中には、「いじめ」の他にも望ましくないもの、しかし避けられないもの、は無数に存在する。たとえば、犯罪、事故、病気、死、などをどうとらえたらよいのか。これらを考えることは、ある種の解決に通じるだろう。犯罪や病気は一種の必要悪である、との考えもある。望ましいものではないが、これらがなくなったら、法律や医療・看護に携わる人はすべて不必要となる。その最たるものが「死」ではないか。こういったものと対峙しなければならないのは、なにびとにも避けられない人類の宿命なのだ。

　人類が他の動物から離れて文化への道を歩むきっかけとなった事例は、言語の他にも数々あろうが、死者を弔い始めたことがもっとも注目に値する。命の価値に目覚めなければ、起こりえないことである。人が死ぬと知ることは、どんなに親しい人ともやがては必ず別れねばならないとの認識につながり、そこから人類のみに見られる「愛情」が誕生した。同時に、その裏返しとして「憎悪」が発生する。無数にある人間の特性には、必ず正負の両面がある。坂道のようなものである。上りは同時に下りでもあるのだ。少し脱線した

かも知れないが、先刻の「いじめ」対策のヒントは、存外民間説話に散りばめられているのである。

民間説話の国際比較より

最後に本書の主題であった「国際比較」について、主要な三点にしぼって、簡単なまとめをしておきたい。

1　背景文化の反映
　背景文化とは各民族の生活環境、風土、歴史等を指す。これらが民間説話に反映されるのは当然である。北米の動物説話にコヨーテが頻繁に登場し、アフリカのトリックスターは野ウサギが主流である。これは後に大勢のアフリカ系住民によってアメリカにもたらされる。東南アジアのそれはジャッカルであり、南太平洋ではイグアナがその役を演じる。トリックスターでなくても、オーストラリア以外の地域でカンガルーやコアラが登場する話を聞くのは稀である。カナダやアラスカのシロクマ、北欧のヒツジやアザラシ、東南アジアやアメリカ南部のワニ、アジア中北部のトラ（中国や朝鮮にはトラにまつわる話がとても多い）などについても同じことが言える。反面、地域や民族にあまり関わりなく登場するものもある。イヌ、ネコ、ウマ、ウシ、等である。キツネのように、語られる地域により大きく性格が異なるものは、それぞれの民族性や思想・宗教などの相違を示して興味深い。
　以上は動物に関する観察であるが、同じことが、鳥類、草木、そして当然ながらそこで暮らす人々についても言えるのである。さらに、民間説話の語るものは生き物だけにとどまらない。自然、気候、風土、そして遠い祖先から今日まで連綿と受け継がれた歴史をも、直接・間接的に語りかける。

2 国際理解に

　もう三十年も前のことになるが、先年亡くなられたわが国の英語教育界の大御所小川芳男先生（岡山県山陽町出身）が、故池上保太岡山大学教授の退官記念パーティーで来岡された折、「英語教育法で、オーラル・アプローチとかパターン・プラクティスとかグラマー・トランスレイション・メソッドとかがよく云々されるが、それらと並んで、カルチュラル・アプローチにもっと注意を払うべきではないか」と話されたのがとても印象に残っている。英語学習にとってもっとも大切なのは、それを母語とする英米人の文化をよく知ることだと言われて、大げさでなく、目から鱗が落ちる思いがした。

　あれ以来、大学の英語教育は大きく様変わりした。オーラル・コミュニケーションとやらがやたらに幅を利かせ、ネコもシャクシも「話せ話せ」の大合唱である。何を話せと言うのかと思ったら、「おはよう」「今日は」「これいくら」「ごしゅうしょうさま」程度の英語を上手くしゃべれ、ということらしい。そうこうしているうちに、かつて1950、60年代にはアジアのトップクラスにあったわが国の英語力は、いつの間にか韓国にも中国にも台湾にも追い抜かれ、しかも年々水をあけられる一方である（「トーフル」TOEFLによる全受験者の平均点。受験者の総人口に対する比率はこれら三国の方が上昇しているにもかかわらず、である。嗚呼）。話すことにおいてもっとも大切なのは、その内容である。これが外国語となると、その背景文化を知ることは不可欠絶対の条件となる。戦後間もない頃、来日したあるアメリカの親善使節団へ、歓迎の意味から白百合の花束を贈り、大変な不興を買ったというはなしを聞いたことがある。これは英語圏で白い花が死を意味し、葬式でしか用いられないことを知らなかったことから起こった誤解である。笑い話ですまされる場合もあれば、それがもとで契約や交渉に失敗したり、極端な場合は国際摩擦にまで発展する。

国際化とは、外国へ頻繁に出かけたり、多くの外国人を迎えることではない。多種多様な文化を画一化することでもない。世界の各民族は、共通なものと並行して独自の文化を数多く所有する。それらを理解するためには、まず知らねばならない。理解は尊重につながり、ひいては国際平和につながる。この意味で、民間説話の効用は計り知れない。今までにも度々述べてきたように、各民族の持つ民間説話には彼らの背景文化が散りばめられているのだから。

3　共通する人間性

　民間説話には、民族性や地域性とともに世界の全人類に共通する人間性が凝縮されている。愛憎、喜怒哀楽には民族性の違いも国境もない。何よりも、民間説話そのものがこれほど世界に共通することが、それをよく物語っている。本書で取りあげた話型・資料は、全体から見ればまさしく九牛の一毛にすぎない。すべてに当たることは到底不可能であるが、身近にある日本の類話にある程度通じてから、世界のものを見れば、しばしばその共通性に驚かされる。時に、表面的にはまったく別の話に思えたものが、よく見ると本質はまるで同じ、ということにもしばしば行き当たる。民族や皮膚の色が異なっても、世界の人類は本質的にはみな同じなのである。このことを、民間説話ほど雄弁に物語るものはない。各国の民間説話に親しんでいると、民族紛争や戦争などといった現象がなぜ起こるのか不思議にさえ思えてくる。しかし同時に、物欲、憎悪、野望、支配欲などといった人間の負の特性に目を向けると、これも避けられない宿命なのだろうか。

　「人間とは何か」をしっかり認識しておかないと、他人や他民族への思いもなかなか理解の段階にまで達しない。命の尊厳についても同様である。各個々人が「よき人生」を希求しつつ、他に対しても十分な理解と尊重を有し、真に平和な来世紀の世界を築く過程で、

民間説話はますますその力を発揮するはずである。

「シンデレラの婚礼」
ジョージ・クルークシャンク画 (1854)

参考文献

Aarne, Antti. *Leitfaden der ver gleichenden Märchenforschung.* Helsinki: FFC, 1913 （A. アールネ、関敬吾訳『昔話の比較研究』岩崎美術社、1969）

―――. *Verzeichnis der Märchentypen.* Helsinki: FFC, 1910, trans. and enlarged by Stith Thompson as *The Types of the Folktale.* 2nd ed. Helsinki, FFC, 1961.

Basile, Giambattista. *Il Pentamerone; or the Tale of Tales.* trans. by Richard Burton, 1893; rpt. New York: Boni and Liveright, 1927 （バジレ、山崎光子訳「ペンタメロネ」『世界童話大系』第1巻ギリシャ・ローマ・イタリア、1925、復刻版、名著普及会、1988）

Bettleheim, Bruno. *The Uses of Enchantment, The Meaning and Importance of Fairy Tales.* London: Thames and Hudson, 1976 （B. ベッテルハイム、波多野完治他訳『昔話の魔力』評論社、1978）

Bolte, J. & G. Polivka. *Anmerkungen zu den Kinder-und-Hausmärchen der Brüder Grimm.* 5 vols., Leipzig: 1913-31.

Briggs, K. M. *A Dictionary of British Folk-Tales in the English Language.* 4 vols., London: Routledge & Kegan Paul, 1970-71.

―――. *A Dictionary of Fairies.* London: Allen Lane, 1976 （K. M. ブリッグズ、平野敬一、井村君江、三宅忠明、吉田新一訳『妖精事典』冨山房、1992）

Buchanan-Brown, John. *George Cruikshank.* Rutland, Vermont & Tokyo: Charles E. Tuttle, 1980.

Bulfinch, Thomas. *The Age of Fable.* 1855; rpt. New York: Harper Collins Publishers, 1991 （T. ブルフィンチ、大久保博訳『ギリシャ・ローマ神話』角川書店、1970）

Calvino, Italo. *Italian Forktales.* trans. by George Martin. London: Penguin Books, 1980 （カルヴィーノ、河島英昭訳『イタリア民話集』2巻、岩波書店、

1985)

Campbell, J. F. *Popular Tales of the West Highlands*. 4 vols. 1860; rpt., Hounslow, Middlesex: Wildwood House, 1983.

Cook, Elizabeth. *The Ordinary and the Fabulous, An Introduction to Myths, Legends and Fairy Tales*. 2nd ed. London: Cambridge UP, 1969, 1976.

Cox, M. R. *Cinderella*. London: David Nutt (for the Folklore Society), 1892.

Dorson, Richard M. *The British Folklorists*. Chicago: Chicago UP, 1968.

Dundes, Alan. ed. *Cinderella: A Casebook*. New York: Garland Publishing Inc., 1983 (A. ダンダス、池上嘉彦他訳『シンデレラ―9世紀の中国から現代のディズニーまで』紀伊國屋書店、1991)

─────── . ed. *Little Red Riding Hood: A Casebook*. Madison: U of Wisconsin P., 1989 (A. ダンダス、池上嘉彦他訳『赤ずきんの秘密―民俗学的アプローチ』紀伊國屋書店、1994)

Grant, M. & J. Hazel. *Gods and Mortals in Classical Mythology: A Dictionary*. London: Michael Grant Publications, 1973 (M. グラント他、西田実他訳『ギリシャ・ローマ神話事典』大修館書店、1988)

Grimm, Brothers. *The Complete Grimm's Fairy Tales* (English trans. from German of 1812-14, 1857). London: Routledge & Kegan Paul, 1975.

─────── . *The Complete Stories of the Brothers Grimm*. 1853; rpt. London: Chancellor Press, 1984 (グリム兄弟、金田鬼一訳『グリム童話集』全7巻、岩波書店、1954. グリム兄弟、関敬吾他訳『グリム昔話集』全6巻、角川書店、1954-70. グリム兄弟、髙橋健二訳『グリム童話全集』全3巻、小学館、1976. グリム兄弟、小沢俊夫訳『完訳グリム童話』全2巻、ぎょうせい、1985)

Hudson, Derek. *Arthur Rackham, His Life and Work*. London: Heinemann, 1960.

Ikeda, Hiroko. *A Type and Motif Index of Japanese Folk Literature*. Helsinki: FFC, 1971.

Ireland, Norma Olin. ed. *Index to Fairy Tales 1949-1972, Including Folklore, Legends and Myths in Collections*. Westwood, Massachusetts: F. W.

Faxon Co. Inc., 1973.

Jacobs, J. *English Fairy Tales*. 1889, 1890; rpt. London: The Bodley Head, 1968（J. ジェイコブス、木下順二訳『ジャックと豆のつる』岩波書店、1967）

_____. *Celtic Fairy Tales*. 1891, 1894; rpt. London: The Bodley Head, 1970（J. ジェイコブス、木村俊夫他訳『ディアドレ』『アンドリュー・コフィー』『ノックグラフトンの伝説』（ケルト）、東洋文化社、1980）

Jackson, K. *The International Popular Tale and Early Welsh Tradition*. Cardiff: U of Wales P, 1961.

Leach, M. & J. Fried. eds. *Standard Dictionary of Folklore, Mythology and Legend*. New York: Funk & Wagnalls, 1972.

Leyen, Friedrich v. *Das Märchen*.（ライエン、山室静訳『メルヘン（昔話）』岩崎美術社、1971）

Liebrech, F. trans. *Das Märchen aller Märchen* (*Der Pentamerone*, 5 vols., German trans. from Italian of Benedetto Croce of 1925). Frankfurt: Herausgegeben von Walter Boehlich, Insel., 1982.

Lüthi, Max. *Das Europäisch Volksmärchen*. Auflage: A. Francke Verlag Bern, 1947（リュティ、小沢俊夫訳『ヨーロッパの昔話』岩崎美術社、1969）

_____. *Von Wesen des Volksmärchens*. Gottingen: Vandenhoech & Ruprecht, 1962（リュティ、野村泫訳『昔話の本質―むかしむかしあるところに』福音館書店、1974）

Opie, Iona & Peter. eds. *The Classic Fairy Tales*. London: Oxford UP, 1974（オーピー夫妻、神宮輝男訳『妖精物語』2巻、草思社、1984）

Penzer, Norman M. trans. *The Pentamerone of Giambattista Basile*. 2 vols. from Italian of Benedetto Croce of 1925, 1932; rpt. Westport, Connecticut: Greenwood Press, 1979（杉山洋子、三宅忠明訳『ペンタメローネ』大修館書店、1995）

Perrault, Charles. *Fairy Tales*. trans. by Geoffrey Brereton. London: Penguin Classics, 1957（新倉朗子『完訳ペロー童話集』岩波書店、1982）

Perry, Ben Edwin. ed. *Babrius and Phaedrus*. London & Cambridge, Massachusetts: The Loeb Classical Library, 1965.（岩谷智他訳『イソップ風寓話集』国文社、1998）

ПРОПП, ВЛАДИМИРЯ. *МОРФОЛОГИЯ СКАЗКИ*. Москва: Наҷ, 1928（ウラジーミル・プロップ、大木伸一訳『民話の形態学』白馬書房、1972、北岡誠二他訳『昔話の形態学』白馬書房、1983）

Rooth, A. B. *The Cinderella Cycle*. Lund: W K Gleerup, 1951.

Schadewaldt, Wolfgang. *Griechische Sternsagen*. Frankfurt: S. Fischer Verlag, 1956（シャーデヴァルト、河原忠彦訳『星のギリシャ神話』白水社、1979）

Thompson, Stith. *The Folktale*. 1946; rpt. Berkeley, Los Angeles: U of California P., 1977（トムソン、荒木博之他訳『民間説話― 理論と展開』全2巻、社会思想社、1977）

_____. *Motif Index of Folk Literature*. 6 vols. 2nd print., Bloomington & London: Indiana UP, 1966.

Yeats, W. B. ed. *Fairy and Folktales of Ireland*. 1888, 1892; rpt. New York: Macmillan Publishing Co., Inc., 1973（W. B. イェイツ、井村君江訳『アイルランド各地方の妖精譚と民話』全2巻、月刊ペン社、1978）

相沢　博『メルヘンの世界』講談社、1968。

稲田浩二他編『日本昔話事典』弘文堂、1977。

_____他編『日本昔話百選』三省堂、1971。

_____他編『日本昔話通観』全31巻、同朋舎出版、1977-88。

_____『日本昔話タイプ・インデックス』（『日本昔話通観』第28巻を一部抜粋したもの、同朋舎出版制作）、1988。

_____『日本の昔話』上下巻、筑摩書房、1999。

今村勝臣採録『日本昔話記録6　岡山県御津郡昔話集』1943、三省堂、1974。

扇谷正造『聞き上手・話し上手』講談社、1979。

大島健彦『御伽草子集』小学館、1992。

太田善麿『古事記物語』社会思想社、1971。

小沢俊夫編『世界の民話』全25巻、ぎょうせい、1977-78。

_____『世界の民話』中央公論社、1979。
_____『昔ばなしとは何か』大和書房、1983。
河合隼雄『昔話の深層』福音館書店、1977。
北垣　篤『シンデレラ紀行』国文社、1988。
倉野憲司校注『古事記』岩波書店、1963。
剣持弘子『イタリアの昔話』三弥井書店、1992。
高津春繁『ホメーロスの英雄叙事詩』岩波書店、1966。
坂本正夫編『猿の生肝・土佐の昔話』桜楓社、1976。
関　敬吾編『日本昔話集成』全6巻、角川書店、1950-57。
_____『日本の昔話・比較研究序説』日本放送出版協会、1977。
_____編『日本昔話大成』全12巻、角川書店、1978-79。
_____監修『日本昔話研究集成』全5巻、名著出版、1985。
高橋健二『グリム兄弟』新潮社、1968。
田中瑩一、酒井薫美編『鼻さき甚兵衛』桜楓社、1974。
段成式、今村与志雄訳注『酉陽雑俎』全5巻、平凡社、1981。
崔仁鶴編著『朝鮮昔話百選』日本放送出版協会、1974。
中村元監修『ジャータカ全集』全10巻、春秋社、1984-1988。
日本民話の会編『ガイドブック・世界の民話』講談社、1988。
水沢謙一『越後のシンデレラ』野島出版、1964。
_____『黒い玉・青い玉・赤い玉』野島出版、1972。
三宅忠明『スコットランドの民話』大修館書店、1975。
_____『アイルランドの民話と伝説』大修館書店、1978。
_____『世界の民話2 イギリス編 ジャックと豆の木ほか』家の光協会、1978。
_____訳『世界のむかし話 イギリス』ほるぷ出版、1988。
柳田國男「桃太郎の誕生」『定本柳田國男集』第8巻、筑摩書房、1933、1962。
_____「昔話覚書」『定本柳田國男集』第6巻、筑摩書房、1943、1963。
_____監修『日本昔話名彙』日本放送協会出版会、1948、1971（第二版）。
山室　静『世界のシンデレラ物語』新潮社、1979。
山本光雄訳『イソップ寓話集』岩波書店、1983。

■著者紹介

三宅　忠明（みやけ　ただあき）
博士（Ph. D. in English Literature）
1939年、岡山県長船町生まれ。1962年、岡山大学法文学部卒（英語・英文学専攻）。1972-73年、ブリティシュ・カウンシルによる英国政府給費生として、エディンバラ大学に留学。民間説話の調査・研究を開始。この間、シェトランドを中心に、北スコットランドで採集活動。1983年、就実女子大学教授。1990年、京都女子大学教授。1993年、岡山県立大学教授、岡山商科大学教授、現在に至る。

比較文化論
民間説話の国際性

2000年4月25日　初版第1刷発行
2006年4月10日　初版第2刷発行

■著　者——三宅　忠明
■発行者——佐藤　守
■発行所——株式会社大学教育出版
　　　　　〒700-0953　岡山市西市855-4
　　　　　電話 (086) 244-1268(代)　FAX (086) 246-0294
■印刷所——サンコー印刷㈱
■製本所——日宝綜合製本㈱
■装　丁——ティーボーンデザイン事務所

Ⓒ Tadaaki MIYAKE 2000, Printed in Japan
検印省略　　落丁・乱丁本はお取り替えいたします。
無断で本書の一部または全部を複写・複製することは禁じられています。

ISBN4-88730-383-1